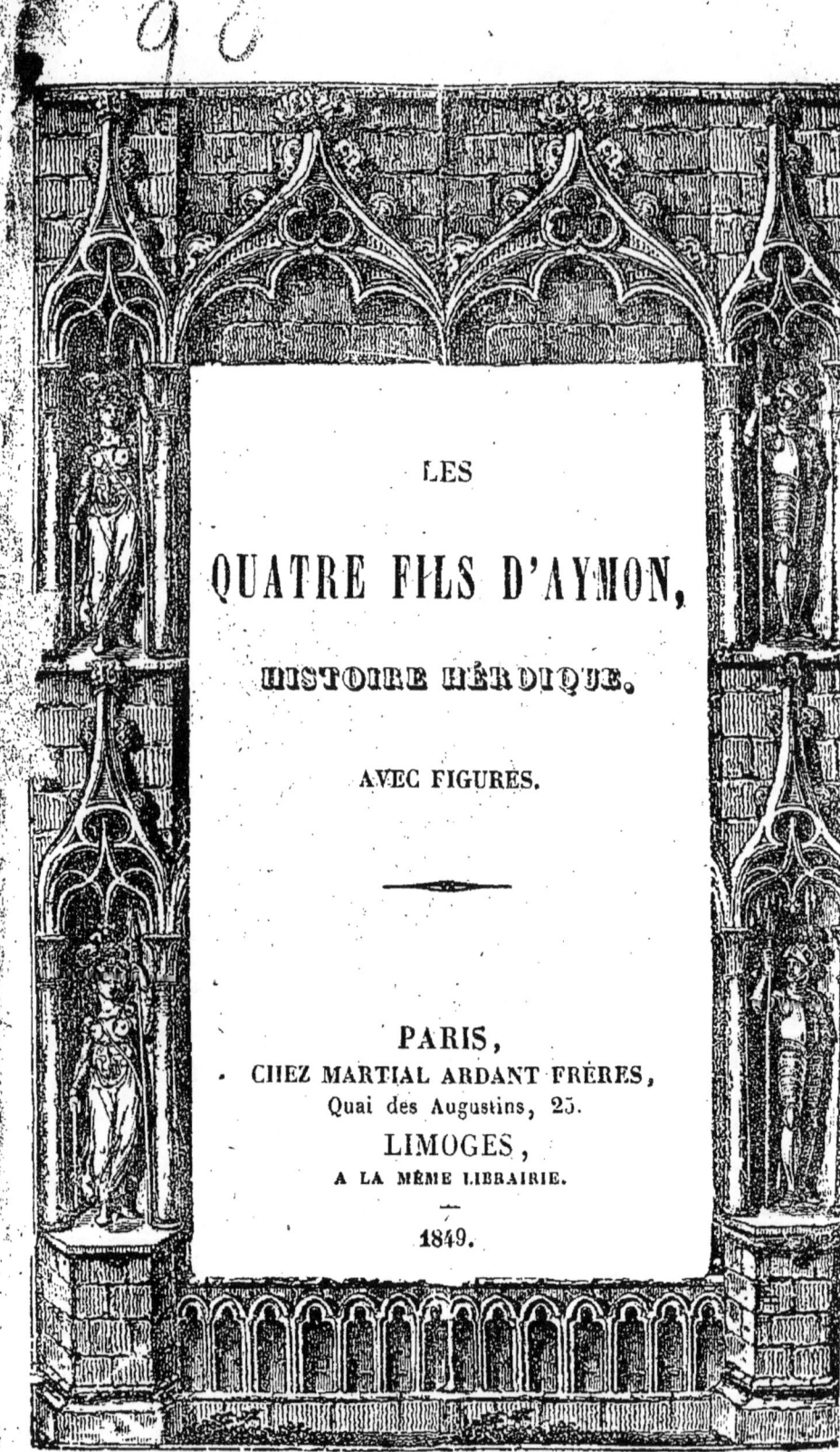

LES QUATRE FILS D'AYMON,

HISTOIRE HÉROÏQUE.

AVEC FIGURES.

PARIS,
CHEZ MARTIAL ARDANT FRÈRES,
Quai des Augustins, 25.
LIMOGES,
A LA MÊME LIBRAIRIE.

1849.

LES
QUATRE FILS
D'AYMON.

Page 19.

Page 56.

QUATRE FILS

D'AYMON,

HISTOIRE HÉROIQUE.

REVUE, CORRIGÉE DE NOUVEAU, ET AUGMENTÉE
DE 28 FIGURES.

PARIS, | LIMOGES
Chez Martial Ardant frères, | Chez Martial Ardant Frères,
quai des Augustins, 25. | rue des Taules.

1849.

HISTOIRE

DES

NOBLES ET VAILLANS CHEVALIERS

LES QUATRE FILS D'AYMON.

Comme Charlemagne fit chevaliers les quatre fils d'Aymon, et comme le duc Beuves d'Aigremont tua Lohier, fils aîné de Charlemagne.

Dans l'histoire de Charlemagne nous lisons qu'un jour de Pentecôte il tint une grande cour à Paris, après qu'il fut venu d'Italie où il vainquit les Sarrasins, commanda plusieurs rois, ducs, princes, barons et chevaliers, comme Salomon de Bretagne, Huon, comte du Mans, messire Aymon de Baulan, Galeran de Bouillon, et plusieurs autres seigneurs. Les douze pairs de France étaient venus

en cour, plusieurs Allemands, Anglais, Normands, Poi-
tevins, Bretons, Lombards; et entre autres le vaillant
duc Aymon de Dordonne, qui avait amené ses quatre fils,
savoir : Renaud, Alard, Guichard et Richard : ils étaient
beaux, sages, puissans et généreux; mais principalement
Renaud qui était le plus bel homme en son temps, car,
il avait sept pieds de hauteur. Et en cette Fête et assemblée, le roi dit : Barons, mes frères et amis ; vous
savez que par votre aide j'ai conquis beaucoup de pays et
détruit le maudit Guitelin avec ses Sarrasins, non sans
perte de beaucoup de sang, et de plusieurs braves chevaliers et gentilshommes ; ce qui est arrivé par la faute de
plusieurs de nos vassaux et sujets qui ne nous ont point
voulu secourir, bien que nous le leur eussions mandé :
comme le duc Gérard de Roussillon, le duc de Nanteuil
et le duc Beuves d'Aigremon, qui sont tous trois frères
germains, dont j'ai grand sujet de me plaindre ; et sans
le secours de messire Salomon qui vint avec trente mille
hommes, et messire Lambert Berroyer, messire Geofroi
de Bourdeille, Galeran de Bouillon qui portait notre
étendard, nous eussions été vaincus. Je manderai de re-
chef aux trois frères, particulièrement au duc Beuves
d'Aigremon, que s'ils ne se rendent à leur devoir, et n'o-
béissent à mes ordres, je les irai voir en personne, et j'en
ferai une punition exemplaire.

Le bon duc Nesme de Bavière se leva, et dit au roi :
Sire, il me semble que vous ne devez pas vous emporter
si fort, et si vous me voulez croire vous enverrez un messager bien escorté au duc d'Aigremon ; il faut qu'il soit
sage et prudent pour rapporter au duc ce que vous lui
direz ; et quand vous saurez sa réponse, vous verrez ce
que vous devrez faire. Vous dites vrai, dit le roi. Il
demanda qui était celui qui voulait entreprendre ce
voyage, et qui n'appréhendât en rien le duc de Beuves ;
personne ne s'offrit ; car plusieurs étaient parens de
ce duc, et il avait quatre frères qui étaient de vaillans
guerriers.

Le roi fut bien en doute sur ce sujet, et jura que le pays
de Beuves serait pillé et détruit, qu'il n'y avait homme qui
pût l'empêcher. Il appela hautement Lohier, et lui dit :
Mon cher fils, il faut que vous fassiez ce message, et
meniez avec vous cent chevaliers bien armés. Vous direz
au duc de Beuves que s'il ne vient nous servir à

St-Jean prochaine, j'irai assiéger Aigremon, détruirai tout son pays, et le ferai pendre avec sa femme et son fils. Sire, dit Lohier, je le ferai volontiers et ne manquerai pas de faire un fidèle rapport de ce dont vous m'avez chargé. Charlemagne se mit à pleurer de voir la bonne disposition et l'obéissance de son fils, et se repentit de lui avoir donné cette commission; mais puisqu'il l'avait acceptée, il fallut partir.

Le lendemain Lohier et sa compagnie montèrent à cheval et vinrent devant le roi, ils lui dirent : Sire, nous voici prêts d'obéir à vos ordres. — Mon fils, je te recommande à Dieu, et le prie de te garder avec ta compagnie de mal et d'infortune. Ils partirent aussitôt, et le roi s'attrista fort, non sans sujet, car son fils n'en revint plus. Ils allaient à Aigremon en menaçant le duc Beuves, dont un espion ayant entendu ce qu'ils disaient, revint promptement à Aigremon annoncer au duc ce qui se passait, et que les députés du roi venaient avec son fils, qui le menaçaient très-fort. Alors le duc dit à ses barons qui étaient plusieurs à cause des fêtes de la Pentecôte : Messires, le roi me prise bien peu de vouloir me contraindre d'aller à la guerre avec toutes mes forces, et me renvoie son fils aîné pour me faire des menaces. Que me conseillez-vous, mes frères et amis? Lors un sage chevalier, nommé Messire Simon, lui dit : Monseigneur, si vous me voulez croire, recevez les députés du roi ; car vous savez bien qu'il est votre seigneur, et que qui agit contre son souverain, offense Dieu. N'ayez pas égard à vos parens ni à vos frères. Vous savez que le roi est puissant, et vous détruira de corps et de biens si vous ne lui obéissez; et si vous allez devers lui il vous pardonnera. Le duc dit qu'il n'en ferait rien et qu'on le conseillait mal. Je ne suis pas si faible qu'on pense ; et si le roi me fait la guerre, j'ai trois frères qui m'aideront ainsi que mes quatre neveux, fils de mon frère Aymon de Dordonne qui sont de vaillans guerriers. Hélas! dit la duchesse, Monseigneur, croyez votre conseil, car aucun ne vous conseillera de faire la guerre à votre souverain si vous avez mal fait; accordez-vous avec lui, et suivez l'avis de Messire Simon. Il regarda de côté sa femme, lui disant de se taire et de ne lui point parler de cela.

Il y eut de grandes contestations dans le palais sur ce sujet; les uns disaient que le conseil de la duchesse était son, les autres disaient le contraire. Lors le duc remercia ceux qui étaient de son sentiment, et protesta qu'il n'obéirait point au roi, et qu'il lui ferait voir qu'il avait de bons amis.

Les messagers du roi étant arrivés au château d'Aigremon, qui est bâti sur un rocher escarpé de tous côtés, et environné d'un double rempart, fortifié de plusieurs bastions pour sa défense, tellement qu'on le croyait imprenable, sinon que par famine; Lohier dit aux signeurs qui étaient avec lui : Voyez quelle forteresse et ce fleuve qui l'environne; je ne crois pas que dans la chrétienté il y ait une place si forte.

Lors un chevalier nommé Saurai, dit à Lohier : Sire, je crois que le roi votre père a entrepris une grande folie de s'imaginer qu'il viendra à bout du duc d'Aigremon : je crois qu'il aura autant de soldats que monseigneur votre père, si S. M. vient lui faire la guerre; c'est pourquoi je vous prie de parler doucement au duc, car il est fier et orgueilleux; il y pourrait avoir grand bruit entre vous et lui, et nous sommes trop peu de gens pour lui faire tête. Lohier dit : Je parlerai avec modération; mais s'il dit chose qui nous déplaise, il s'en repentira le premier.

Ils heurtèrent à la porte du château; le portier leur demanda : Messieurs, qui êtes-vous? Ami, dit Lohier, ouvrez-nous la porte, nous voulons parler au duc Beuves, de la part du roi. Attendez là, dit le portier, je vais parler à monseigneur le duc. Il s'en alla de suite dire au duc qu'à la porte du château, il y avait cent chevaliers bien armés qui désiraient lui parler de la part du roi : Monseigneur, vous plaît-il que je leur ouvre? Oui, dit le duc, faites-les entrer. Le portier leur ouvrit. Lohier et ses compagnons entrèrent et montèrent jusqu'au donjon du château. Le duc dit à ses barons : Voici le fils aîné du roi qui vient, nous verrons sa commission; s'il parle sagement, il sera bien venu : mais s'il fait autrement, il s'en repentira.

Beuves était accompagné de plus de deux cents chevaliers, quand Lohier entra dans la salle du palais; il était richement armé avec tous ses gens, et voyant tant de noblesse assise auprès de leur duc, la duchesse auprès de lui, et leur fils Maugis, qui n'avait pas son pareil dans l'art de nécromancie et qui était fort adroit aux armes.

Lohier les salua et leur dit : Que Dieu qui créa le ciel et la terre bénisse le roi et toute sa cour, et te confonde, duc d'Aigremon. Le roi mon père te mande qu'incontinent tu viennes à Paris avec cinq cents chevaliers pour aller où il lui plaira de t'envoyer, aussi pour lui demander pardon de ce que tu ne fus pas avec lui en Lombardie combattre les Sarrasins; car à ta faute, y sont morts Beaudoin de Moulan, Geofroi de Bourdeille, et plusieurs autres grands seigneurs. Si tu ne le veux faire, je t'assure que le roi viendra fondre sur toi avec cent mille hommes; tu seras pris et mené en France comme un larron, et écorché vif, ta femme brûlée et tes enfans bannis. Fais ce que le roi te mande et tu seras sage; car si tu n'obéis, tu te rendras criminel et coupable.

Quand le duc Beuves eut ouï ainsi parler Lohier, il se mit en colère, et dit qu'il ne dépendait point du roi, qu'il ne le craignait en rien, qu'il se défendrait bien de lui et qu'il ruinerait tout son pays. Lohier lui dit : Vassal, comment parles-tu? Si le roi savait tes menaces, il viendrait sur toi et te détruirait; je te conseille de lui obéir promptement pour sauver ta vie, tes biens et ton honneur. Quand le duc l'ouït ainsi parler, il se leva en furie, et dit qu'à la malheure il était venu faire ce message. D'abord un des principaux chevaliers du duc se leva et lui dit : Monseigneur, ne faites rien qui ne soit bien, laissez dire à Lohier ce qu'il voudra, il n'en sera ni plus ni moins, et comme vous savez que Charlemagne est très-puissant, croyez-moi, allez devers lui, vous êtes son vassal et tenez ce duché de lui; je vous conseille votre profit, croyez-moi.

Le duc lui en sut bon gré : mais pourtant il le fit taire, et dit qu'il ne dépendrait jamais du roi, tant qu'il pourrait porter les armes et monter à cheval. Je manderai à mes frères Gérard de Roussillon, Huon de Nanteuil, Garnier, son fils; j'irai sur Charlemagne, et où je le rencontrerai je le détruirai; je ferai de lui ce qu'il croit faire de moi. Quand il me donnerait tout l'or de Paris je ne donnerai pas la vie à son fils, à la malheure vient-il ici pour me menacer. Lohier lui dit : Je ne te crains point du tout. Ce qu'entendant le duc, il se leva en colère et dit : Barons, prenez-le-moi, afin que je le fasse vilainement mourir. Les barons n'osant contredire leur seigneur, tirèrent leurs épées et se jetèrent sur les gens du roi.

Lohier et les siens se défendirent comme des lions, et il se fit un si grand bruit dans le palais que toute la ville l'entendit. Lors vinrent les bourgeois et les marchands avec des épées et autres armes, au nombre de sept mille; mais la porte était trop petite, et les Français qui étaient dedans les gardaient bien d'entrer tant qu'ils pouvaient. Hélas ! quel terrible combat il y eut ce jour-là entre les gens du roi et ceux du duc; mais ceux du roi étaient trop peu pour résister à tant de monde. Ils combattirent pourtant généreusement, et Lohier voyant que ses gens avaient du pire, frappa un chevalier si rudement qu'il tomba mort par terre en présence du duc de Beuves. Puis Lohier s'adressa à Dieu en ces termes : O Dieu tout-puissant ! qui formâtes l'homme à votre image et ressemblance, gardez-moi aujourd'hui de mes ennemis; car sans votre secours je me vois perdu. Le duc dit à Lohier : Aujourd'hui est ton dernier jour. Ne sera, dit Lohier; il lui porta un coup d'épée sur son casque qui le blessa, mais le duc lui en donna un sur la tête qui le fendit jusqu'aux dents.

Lohier étant tombé mort sur la place, Beuves plein de rage et de cruauté lui coupa la tête, dont les gens du roi voyant ce spectacle, n'osèrent faire grande résistance, car de tous ceux qui étaient entrés dans le palais, il n'en restait que vingt, desquels le duc en fit tuer dix, et dit aux autres dix : Si vous me voulez promettre et jurer sur votre foi de chevaliers, que vous emporterez votre seigneur Lohier à son père, et lui direz que je lui envoie son fils qu'il m'envoya à la malheure, je vous laisserai la vie; vous lui direz aussi que pour lui je ne dépenserai pas un denier; au contraire, que pour me mieux venger, je détruirai lui et son pays avec cent mille hommes. Sire, dirent-ils, nous ferons ce qu'il vous plaira. Il fit faire une bière, y fit mettre le cadavre. Les chevaliers le mirent sur une charette, et le conduisirent jusques hors de la ville.

Quand ils furent en campagne, les Français se mirent à pleurer, en disant : Hélas! que dirons-nous au roi, quand il verra le corps de son fils en cet état ? nous pouvons bien être certains qu'il nous fera mourir; ils arrivèrent en cette sorte à Paris, où était le roi, qui dit un jour à ses barons : Je suis bien en peine de mon fils Lohier, que j'ai envoyé à Aigremon; j'ai bien peur qu'il se soit battu avec le duc Beuves, qui est fier et courageux, et qu'il ait tué mon fils ; mais par ma couronne, s'il l'a fait, je l'irai voir avec cent mille hommes et le ferai mourir cruellement. Sire, dit le bon Aymon de Dordonne, quoiqu'il soit mon frère, s'il a fait du mal, je veux bien que vous fassiez justice, puisqu'il est votre sujet et qu'il dépend de vous ; j'ai ici mes quatre fils, Renaud, Alard, Guichard et Richard, qui sont fort généreux et qui désirent vous servir, s'il vous plaît de les honorer de vos commandemens. J'accepte votre offre, dit le roi : faites-les venir ici, afin que je les fasse chevaliers.

Le duc Aymon envoya chercher ses enfans et les fit venir devant S. M. Quand le roi les vit ils lui plurent fort, et Renaud lui dit : Sire, s'il vous plaît de nous faire vos chevaliers, nous nous obligeons de vous servir. Charlemagne appela son Sénéchal, et lui dit : Apportez-moi les armes du roi de Cèdre que je tuai à la bataille devant Pamperonne : je les donne à Renaud, et à ses trois frères je leur en donnerai d'autres. Le sénéchal obéit ; alors furent armés les quatre fils d'Aymon, et Oger le Danois qui était leur cousin, mit les éperons au nouveau chevalier Renaud. Le roi lui ceignit l'épée, et l'embrassa, en disant : Dieu te croisse en bonté, honneur et générosité. Puis Renaud monta sur son cheval Bayard, qui n'eut jamais son pareil ; car après avoir couru vingt lieues, il n'était pas las.

Ce cheval avait été nourri en l'île de Berceau, et Maugis, fils du duc d'Aigremon, l'avait donné à son cousin Renaud, qui était un très-beau chevalier et de très-haute stature.

Le roi fit faire un tournoi, où il fit joûter les nouveaux chevaliers, qui s'acquittèrent fort bien de leur devoir ; mais Renaud emporta le prix, et mérita que le roi lui dit que dorénavant il irait en sa compagnie ; Renaud le remercia et lui promit sa fidélité.

Après les joûtes, Charlemagne s'en retourna au Louvre, et dit à ses barons qu'il s'étonnait fort de ce que son fils Lohier demeurait tant en son voyage ; j'ai grand peur que quelque accident ne lui soit arrivé : car la nuit dernière, j'ai songé en dormant que la foudre du ciel tombait sur lui, et que le duc d'Aigremon lui avait coupé la tête ; mais s'il la fait, jamais il n'aura de grâce de moi. Sire, dit le duc de Nesme, ne croyez pas cela, tous songes sont mensonges.

Pendant ce discours, il arriva un chevalier bien fatigué et blessé dangereusement. Charlemagne était aux fenêtres. Il descendit d'abord avec le duc Nesme de Bavière et Oger le Danois. Quand ce chevalier fut devant le roi, il le salua humblement, et lui dit : Sire, vous fîtes fort mal d'envoyer monseigneur votre fils vers le duc d'Aigremon pour le menacer, car il lui parla brusquement ; et ce duc qui est fier et altier, commanda à ses chevaliers d'arrêter monseigneur votre fils ; en cette prise il y eut un grand combat, où monseigneur fut tué par le duc ; et de tous ceux que nous étions, il n'en revient que neuf, qui conduisent le corps de Lohier dans une bière.

Le roi entendant ce discours tomba pâmé, et se mit à dire : Ah ! grand Dieu, quelles nouvelles sont ceci ? ôtez-moi la vie. Alors Nesme le consolant, lui dit : Sire, ne vous affligez pas de la sorte, ayez confiance en Dieu ; faites ensevelir très-honorablement votre fils, puis vous irez voir le duc Beuves avec toutes vos forces et ruinerez tout son pays. Le roi se remit un peu, et dit que Nesme disait vrai. Il commanda à sa cour de s'apprêter pour aller au convoi de son fils, et tous les princes et barons obéirent.

Ils trouvèrent le cadavre à deux lieues de Paris ; le roi y vint avec le duc Nesme, Oger, Samson et plusieurs autres Seigneurs. Quand le roi vit son fils de la sorte, il dit : Hélas ! faut-il qu'on me traite si inhumainement. Ah ! mon fils Lohier est mort ; et mettant pied à terre, il leva le tapis qui était sur la bière et vit son fils qui avait la tête coupée et le visage tout déchiré. Hélas ! dit-il, en voilà bien assez pour me faire mourir. Ah ! duc d'Aigremon, je te dois bien haïr. Lors il baisa son fils qui était encore tout sanglant, en disant : Hélas ! mon fils, vous étiez un brave chevalier ; je prie le roi des rois de mettre votre âme en Paradis.

Lors Thierri d'Ardennes et Samson de Bourgogne prirent la bière où était le corps de Lohier, et la portèrent jusqu'à Saint-Germain-des-Prés, où il fut inhumé honorablement. Nous le laisserons et reviendrons au duc Aymon et ses quatre fils qui étaient à Paris. Mes enfans, leur dit-il, vous savez comme Charlemagne est fâché de ce que mon frère a tué son fils. Je sais qu'il ira sur lui avec toutes ses forces, mais nous n'y irons pas ; allons à Dordonne ; et si le roi lui fait la guerre nous lui aiderons. Ils montèrent à cheval et ne s'arrêtèrent qu'à Lyon, puis ne cessèrent jusqu'à Dordonne.

Quand la duchesse vit le duc et ses quatre fils, elle fut joyeuse et demanda si Renaud et ses frères avaient été faits chevaliers. Le bon duc Aymon lui dit qu'oui ; puis elle demanda pourquoi il avait quitté le roi. Il lui raconta comme Beuves son frère avait tué le fils aîné du roi. La dame fut très-fâchée, connaissant bien que c'était la destruction de son mari, de sa maison et de son pays.

Renaud menaçait fort le roi, sa mère lui dit : Mon fils, écoute-moi : aime et crains ton souverain, porte lui honneur et respect, Dieu t'aimera. Et vous monseigneur Aymon, je m'étonne de ce que vous êtes parti de la cour sans le congé du roi, qui nous a tant fait de bien, qui a donné à vos fils de si beaux présens, et qui les a faits chevaliers de sa propre main. Je vous prie de ne vous point mêler de cette affaire, car il ne pourrait vous en arriver que du mal. Je vous conseille donc de servir notre roi. Madame, je voudrais avoir perdu la moitié de mon pays et que mon frère n'eût point tué Lohier.

Pendant que Charlemagne déplorait la mort de son fils aîné, on lui vint dire qu'Aymon et ses quatre fils étaient allés dans leurs pays, il en fut bien fâché, et protesta qu'il exterminerait Aymon et sa race, s'il défendait son frère Beuves d'Aigremon. Le dîner étant prêt, ils se mirent à table ; mais le roi ne pouvait manger à cause de sa tristesse.

Après dîner, le roi dit à ses barons : Seigneurs, vous savez le grand outrage que m'a fait le duc Beuves d'Aigremon, qui a tué si lâchement mon fils Lohier ; mais s'il plaît à Dieu, je l'irai voir au printemps pour désoler son pays, et si je peux l'attraper je vengerai la mort de mon fils. Pour son frère Aymon, je suis marri d'avoir fait ses fils mes chevaliers. Sire, dit Nesme, votre fils a été tué lâchement : mais cette mort coûtera la vie à plusieurs qui n'en sont point coupables. Mandez partout et assemblez toutes vos forces pour aller vers Aigremon, et si vous pouvez tenir le duc, vengez la mort de votre fils. Nesme, dit le roi, je suivrai ton conseil.

Il commanda à ses officiers d'aller en leur pays, de lever tous les soldats qu'ils pourraient, et de se tenir prêts au mois de mars ; chacun obéit à son commandement. Le duc Beuves ayant appris la nouvelle de cet armement, manda tous ses parens et amis, principalement ses frères Gérard de Roussillon et Huon de Nanteuil.

Quand tous furent assemblés, ils se trouvèrent quatre-vingt mille hommes des mieux faits du monde. Lors ils dirent entre eux que si le roi venait les attaquer, il n'aurait pas du meilleur. Le duc dit : Mes amis, allons vers Troyes, et là nous combattrons vigoureusement, moyennant l'aide de Dieu. C'était au commencement de mai que Charlemagne attendait à Paris ses troupes. Richard de Normandie vint avec trente mille hommes ; Gui amena une belle troupe. Après vint Salomon de Bretagne, le comte Huon, et tant d'autres qui étaient prodigieux, et se campèrent devant Saint-Germain. Quand le roi sut que ses gens étaient tous arrivés, il fit marcher ses équipages, suivis de Richard, de Galerand, de Guidelon, de Sacher, d'Oger et d'Estou fils d'Oédon, avec quatre mille combattans, qui faisaient l'avant-garde. Ils partirent de Paris et prirent le chemin d'Aigremon.

Après avoir marché pendant plusieurs jours, Oger qui menait l'avant-garde, vit venir un messager bien monté qui demanda à qui appartenaient ces soldats. Oger répondit qu'ils étaient à Charlemagne. Il dit qu'il voudrait bien lui parler, et on le mena vers le roi. Quand ce messager le vit, il le salua et lui dit que le gouverneur de Troyes lui demandait du secours ; le duc Beuves et ses deux frères l'avaient assiégé avec trente mille hommes, et que s'il ne le secourait promptement, il serait obligé de rendre la place.

Quand Charlemagne entendit que Troyes était assiégée par le duc de Beuves et ses frères, il fut bien étonné ; et jura par Saint Denis qu'il y irait avec son armée ; que s'il pouvait tenir le duc, il en ferait bonne justice. Il appela Nesme, Goudebert de Frise, le duc Galerand, et leur commanda d'aller promptement vers Troyes pour la secourir. Ils partirent aussitôt et se rendirent devant Troyes. Un espion vint avertir Gérard que le roi venait fondre sur eux avec une puissante armée pour secourir Auberty. Gérard dit à ses frères qu'il serait bon d'aller à leur rencontre avec toutes leurs forces : ce qu'ils firent. Gérard prit l'avant-garde et ses deux frères menèrent le reste de l'armée.

Quand Oger vit venir Gérard, il dit à Richard : Voici

nos ennemis qui veulent combattre, tâchons de nous bien défendre, afin que l'honneur en demeure au roi et à nous. Lors ils poussèrent leurs chevaux de part et d'autre : Gérard frappa un Allemand de sa lance tellement qu'il le tua et emporta son guidon, et cria : Vive Roussillon. Alors il se fit un terrible carnage ; car quand Oger vit que les siens lâchaient le pied, il les railla le mieux qu'il put, perça le corps d'un chevalier d'un coup de lance et le tomba par terre ; ce que voyant Gérard, il frappa ceux d'Oger et les renversa.

C'était un pitoyable spectacle de voir la terre jonchée de corps morts et d'autres qui criaient miséricorde. Alors vint le duc Beuves en piquant son destrier : il frappa Oger de Peronne si rudement qu'il le tomba mort, et se mit à crier : Vive Aigremon. Lors son frère de Nanteuil vint vers lui avec ses soldats, et tombant tous ensemble sur les gens du roi, il y eut un grand combat où furent tués plusieurs braves chevaliers.

Richard de Normandie montra alors sa grande valeur ; car il frappa le favori de Gérard de telle force qu'il tomba mort par terre. Quand Gérard vit cela, il en fut bien fâché et protesta qu'il s'en vengerait. Aussitôt il cria Roussillon, et son frère Nanteuil qui vint aussi le secourir, lui dit : Mon frère, je crois qu'il faut se retirer, car voici le roi et toute son armée ; je vous assure que si nous l'attendons, nous perdrons le combat. Pendant qu'ils parlaient, Galerand de Bouillon frappa devant eux un neveu de Gérard, et lui passa son épée au travers du corps ; il mourut sur-le-champ. Aussitôt Gérard manda au duc Beuves de venir le secourir, ce qu'il fit de suite.

Le roi ayant assemblé tous ses gens, le combat fut sanglant de part et d'autre, il y eut plus de quarante mille hommes sur la place. Hé Dieu ! quel malheur pour la chrétienté, de voir les piliers de notre foi s'entretuer eux-mêmes ! Richard de Normandie montra encore sa générosité en cette occasion : car il joûta contre le duc d'Aigremon si bien qu'il lui perça son écu et le blessa grandement ; puis il lui dit : Vous ne pouvez manquer d'être tué aujourd'hui : car je vengerai sur vous la mort de Lohier ; il le frappa de tant de coups de son épée qu'il pensa le tuer. Le duc Beuves cria d'Aigremon. Son enseigne et ses frères vinrent à son secours.

Du parti du roi, vinrent Oger, Nesme, Galerand,

Huon, Salomon, Léon, l'archevêque Turpin et Estou, le fils d'Oédon. Le roi survint alors criant hautement : Mes amis, s'ils nous échappent cette fois ils se moqueront de nous, et nous ne trouverons pas une si belle occasion. Et alors il courut contre Gérard de Roussillon qui sans le secours était mort ; car le roi lui donna un tel coup qu'il le renversa par terre.

De l'autre côté vint Oger qui faisait bien faire place ; il frappa un chevalier de Gérard de telle force qu'il le fendit jusqu'aux dents. Quand Gérard vit cela, il s'écria : Hélas ! j'ai perdu aujourd'hui de fort bons chevaliers. Le duc Beuves s'adressa à Dieu pour le prier de le préserver de mort et de tomber entre les mains de ses ennemis. Le roi étant fort las, voulut se reposer, car il était quatre heures du soir ; les combattans de part et d'autre étaient aussi bien fatigués.

Les trois frères s'en allèrent sous leurs tentes bien fâchés, spécialement Gérard, qui ce jour-là avait perdu Asmonis, son cousin, et cent autres des meilleurs de sa compagnie. Il commença à dire que le fils du roi avait été tué à la malheure. Lors le duc Beuves vint vers lui tout sanglant, étant fort blessé. Quand Gérard le vit en cet état il fut fâché, et lui dit : Mon frère, êtes-vous blessé à mort ? Non, lui dit-il, je serai bientôt guéri, et jura que le lendemain matin à soleil levé, il commencerait un tel combat, que trente mille hommes des gens du roi y périraient.

Le duc de Nanteuil s'opposa à cela, et leur dit : Mes frères, si vous voulez me croire, nous enverrons trente des plus sages de nos chevaliers vers le roi, qui lui diront de notre part, qu'il nous pardonne, et que notre frère Beuves lui fera telle satisfaction de la mort de son fils Lohier, qu'il serait dit par les seigneurs de son armée. Vous savez que nous sommes ses sujets, et que nous faisons mal de lui faire la guerre. De plus, quand il aurait perdu tous ses gens, avant peu il en aurait trouvé deux fois autant ; mais nous ne pouvons pas autant tenir ; c'est pourquoi il faut songer à cela.

Les deux frères trouvèrent ce conseil bon, et conclurent d'y envoyer des députés à l'aube du jour. Ils firent bonne garde autour de leur camp pendant la nuit, et firent disposer leurs députés pour partir. Gérard leur dit : Messieurs, remettez bien au roi que nous sommes fâchés de la mort de son fils aîné, et notre frère le duc d'Aigremon s'en repent fort, et que s'il lui plaît de nous pardonner, nous le servirons partout où il lui plaira de nous envoyer avec dix mille combattans, et vous direz au duc Nesme que nous le prions de faire cet accord.

Quand les députés eurent reçu leurs instructions, ils montèrent à cheval, et chacun d'eux prit un rameau à la main en signe de paix, et ne cessèrent de cheminer jusqu'à ce qu'ils furent devant le roi. Lors messire Etienne commença la harangue en ces termes : Sire, je prie Dieu de vous donner longue et heureuse vie. Sachez que les ducs Gérard de Roussillon, Beuves d'Aigremon et Huon de Nanteuil nous ont ici envoyés pour vous demander pardon de la mort de votre fils Lohier, de quoi ils sont bien fâchés; et le duc Beuves vous mande que si votre majesté le veut pardonner, ils se soumettront entièrement à vous, vous promettant la fidélité, et vous viendront servir avec dix mille hommes bien équipés, partout où il vous plaira de commander. Sire, souvenez-vous que Jésus-Christ notre Sauveur, que vous servez avec tant de zèle et d'affection, a pardonné à ses ennemis. Hélas! pour l'amour de lui, sauvez tant de sang chrétien qui se répand de tous côtés.

Quand il ouït ainsi parler les ambassadeurs des trois frères, il ne répondit rien, mais un peu après il leur dit : Mes amis, je ne sais pas à quoi songeait le duc Beuves de se révolter contre moi, et de tuer mon fils si misérablement ; il fallait bien qu'il eût perdu la tête : il est mon vassal ; veuille-t-il ou non, et dès lors il doit obéir. Sire, dit Etienne, il vous fera toutes sortes de satisfactions, et se soumet à votre conseil. Lors le roi se recula en arrière et appela le bon duc Nesme, Oger, messire Salomon, Huon, Gérard de Bouillon, Langres, Léon de Frise, et leur dit : Mes amis, voici les envoyés du duc d'Aigremon et de ses frères, qui me mandent qu'ils me viendront servir où je voudrai avec dix mille hommes de bon point, si je veux leur pardonner leurs fautes passées, nous promettant de nous servir fidèlement à l'avenir et d'obéir à nos ordres. Que me conseillez-vous sur cela?

Sire, dit le duc Nesme, je vous conseille de les pardonner, car ils sont fort vaillans et de grand renom. Aussitôt il fit venir les envoyés et leur dit qu'il pardonnait aux trois frères à condition qu'ils viendraient le servir fidèlement à l'avenir partout où il leur commanderait, avec dix mille combattans. Vous leur direz qu'ils viennent vers moi avec toute assurance pour nous prêter serment de fidélité. Les envoyés s'en allèrent bien contens vers leurs maîtres, ils leur racontèrent leur négociation, et comme ils étaient d'accord avec le roi, dont les trois frères remercièrent Dieu très-humblement. Lors Gérard de Roussillon dit : Il faut nous présenter au roi pieds nus et lui demander pardon en cette posture, pour lui témoigner les regrets de l'avoir offensé, et le zèle que nous avons de le servir, et de relever absolument de lui. Ses frères furent du même avis, et se mirent pieds nus avec quatre mille hommes qui les suivirent dans le même état, et se vinrent jeter aux pieds du roi.

Le roi voyant venir les trois frères avec leurs barons, appela le bon duc Nesme et plusieurs autres seigneurs, et leur demanda quels gens c'étaient. Sire, dit Nesme, c'est le duc de Beuves avec ses gens qui viennent vous demander pardon et se soumettre à vous. Le duc Beuves se jeta à ses pieds, et lui dit : Sire, pour l'amour de Dieu faites-moi miséricorde, nous sommes venus ici par vos commandemens ; si j'ai tué votre fils, c'est par un coup de promptitude, je me rends à vous comme votre sujet, faites de moi ce qu'il vous plaira ; moi et mes frères nous soumettons entièrement à vous. Quand Charlemagne vit une si grande humilité, il en eût compassion et leur pardonna tout le passé. Vous eussiez vu de part et d'autre ces princes s'embrasser ainsi que les parens ; les uns pleuraient de joie, les autres de pitié. Les trois frères jurèrent fidélité au roi, et lui promirent de le servir toutes les fois et quand il le voudrait. Puis ils prirent congé du roi qui dit à Beuves de venir le servir à la Saint-Jean prochaine.

Le roi s'en retourna à Paris, et les trois frères se retirèrent joyeusement chacun en leur pays. Ils croyaient être de bon accord avec le roi ; mais les flatteurs gâtèrent tout ; car un peu avant la Saint-Jean, le roi tenant cour ouverte à Paris, le duc Beuves ne manqua pas de s'y rendre comme il l'avait promis ; il partit d'Aigremon avec deux cents chevaliers, et vint prendre les ordres du roi.

Le roi étant encore à Paris, le comte Ganelon, Fouques

de Montmorillon et Berranger lui dirent : Sire, le duc Beuves vient ici avec deux cents chevaliers : comment pourrez-vous souffrir la présence d'un homme qui a trempé ses mains dans votre sang en tuant votre fils aîné que vous aimiez tant : si vous voulez nous vengerons sa mort. Le roi dit que non, qu'il lui avait donné grâce et qu'il n'userait jamais de perfidie. Ils l'importunèrent tant qu'il leur octroya leur demande. Prenez bien garde à ce que vous ferez, dit-il ; car le duc est puissant et de grand lignage ; vous pourrez bien vous repentir de lui mal faire. Sire, dit Ganelon, ne vous souciez de cela ; il n'y a homme au monde qui m'ose attaquer : je vous promets que demain matin je partirai avec quatre mille hommes qui vengeront la mort de mon cousin Lohier. Le roi lui dit qu'il ne voulait point de trahison, qu'il en serait coupable, et lui en voudrait du mal. Ne craignez rien, dit Ganelon, vous n'y paraîtrez point, et j'en prends tout le blâme.

Le jour suivant Ganelon et ses complices partirent avec quatre mille combattans, et ne s'arrêtèrent point jusqu'à ce qu'ils furent dans la vallée de Soissons, où ils rencontrèrent le duc Beuves et ses gens. Quand le duc les vit venir, il dit : Ce sont les gens du roi qui reviennent de la cour. Ce n'est pas cela, dit un chevalier ; c'est Fouques de Montmorillon et Ganelon qui ont tramé quelque méchanceté contre nous.

En effet, Ganelon et Fouques marchèrent tant qu'ils abordèrent le duc et lui dirent : Vous fîtes très-mal quand vous tuâtes notre cousin Lohier ; car bien que le roi vous ait pardonné, n'avons pas nous, qui voulons venger la mort de notre cousin. Le duc regardant le Ciel, s'écria : Hélas! grand Dieu, qui pourrait se défendre contre tant d'ennemis? Ah! traître Ganelon, un échantillon de ta perfidie paraît ici ; il y a long-temps que l'on te connaît pour un perfide et un déloyal : mais qui pourrait se garantir de tant de traîtres? Je m'étais fié sur la parole du roi, la croyant bien sincère ; et j'allais à lui pour m'acquitter de mon devoir et de ma promesse, mais ces traîtres m'en ôtent le moyen. Allons, mes amis, dit-il, vendons notre mort chèrement, et défendons-nous jusqu'au dernier soupir.

Aussitôt la bataille commença bien rudement : Ganelon tua d'abord Reigner, cousin du duc Beuves, puis cria :

Braves chevaliers, frappez, il faut à présent venger la mort de notre cousin Lohier; et courut à toute bride sur les gens du duc qui se défendaient fort vaillamment. Lors fut tué un brave chevalier, nommé messire Faucous et plusieurs autres. Ce que voyant le duc d'Aigremon, il se mit à pleurer, détestant son sort et regrettant ses frères, il s'écria : Ah ! mes frères, où êtes-vous ? mes neveux, où êtes-vous ? Ah ! Maugis mon fils, où es-tu à présent ? Que n'êtes-vous ici pour me secourir ! Si vous saviez cette trahison, vous ne me laisseriez pas périr de la sorte. Ah ! pauvre peuple chrétien, que ma mort te causera de pertes. J'allai pour te secourir, et de faux chrétiens me détruisent. Ah ! Charlemagne, doit-on jamais se fier à vous ! comment vous êtes-vous laissé aller aux discours flatteurs du traître Ganelon

Le combat dura long-temps et fut opiniâtre, mais la partie était inégale : le duc d'Aigremon n'avait avec lui que deux cents chevaliers, et les autres étaient plus de quatre mille. Le duc battait en retraite pour conserver sa vie, connaissant bien qu'il ne pouvait éviter sa perte. On eût vu la terre couverte de corps, de têtes, de jambes, de casques et d'autres armes : enfin c'était une chose pitoyable. Lorsque le duc d'Aigremon vit Thressaume de Blois mort, il s'affligea plus qu'auparavant, et connut bien que c'était fait de lui.

Mes chers amis, dit-il, vous voyez que nous sommes morts si nous ne nous défendons vaillamment : qu'un en vaille dix. Alors il frappa un chevalier nommé messire Hélie et le tua sur la place ; puis cria : Mes amis, il faut exterminer tous ces traîtres. Mais Griffon de Haute-Feuille donna un coup de lance dans le poitrail du cheval du duc et le fit tomber. Il mit d'abord l'épée à la main pour frapper Griffon; malheureusement il frappa son cheval et le tua. D'abord le traître Ganelon vint sur lui et le perça d'un coup de lance. Lors le père de Ganelon descendit de cheval, lui enfonça son épée dans le bas ventre, et le tua.

Aussitôt Griffon s'écria qu'il avait donné au duc d'Aigremon Lohier pour Lohier qu'il tua si vilainement. Puis ils coururent sur les gens de Beuves qui se rendirent à discrétion ; car il n'en restait que dix. Les traîtres les firent jurer qu'ils porteraient le corps de leur maître à Aigremon comme il avait fait emporter celui de Lohier à Paris.

Ils prirent ce corps, le mirent dans une bière, et l'emportèrent à Aigremon.

Pendant la route ces chevaliers blâmaient fort la conduite du roi d'avoir trahi sa foi si vilainement, et au grand scandale de toute la chrétienté; car il périt à ce combat de très-brave noblesse. Ceux qui conduisaient le corps étant près d'Aigremon, firent avertir la duchesse de ces tristes nouvelles; elle sortit du château toute troublée, et voyant ce douloureux spectacle, elle tomba pâmée ainsi que son fils Maugis. Les habitans de la ville sortirent dehors et vinrent au-devant du corps de leur seigneur. On le porta à l'église où il fut enseveli avec pompe et magnificence. Son fils Maugis lui succéda, qui ne fut pas moins vaillant que son père, et qui vengea sa mort, ainsi que nous le verrons dans le cours de cette histoire.

Comme Renaud tua Bartelot, neveu de Charlemagne, en jouant aux échecs, et de la guerre qui en vint en France.

APRÈS que l'empereur Charlemagne fut d'accord avec les frères du duc Beuves d'Aigremon, il tint cour ouverte à

Paris, où plusieurs princes et seigneurs se trouvèrent, entre lesquels Galerand de Bouillon, Guillaume d'Anglois, quinze rois, trente ducs, quarante comtes et le duc Aymon de Dordonne avec ses quatre fils, auxquels le roi témoigna beaucoup d'amitié : il dit qu'il voulait que Renaud fût son sénéchal et les autres ses grands veneurs. Aymon le remercia fort humblement, et lui dit qu'ils le serviraient fidèlement, bien que sous son sauf-conduit on eût permis que son frère Aigremon fût assassiné, et qu'il le regrettât fort : Aymon, dit le roi, vous savez ce que méritait votre frère pour avoir tué mon fils Lohier : plût à Dieu qu'ils fussent tous deux en vie !

Lors arrivèrent les quatre frères qui lui dirent hardiment qu'ils le haïssaient de ce qu'il avait fait assassiner leur oncle, et qu'ils se vengeraient tôt ou tard. Le roi rougit de colère, et dit à Renaud : Fils de putain, ôte-toi d'ici ; je te jure que sans la compagnie, je te ferais mettre en prison, et que tu pourrais bien te repentir de tes paroles. Renaud se tut.

Le dîner étant prêt, ils se mirent à table, excepté Salomon et Godefroi qui, ce jour-là, servaient à table. Mais Renaud ne pouvait rien manger à cause de l'affront qu'il avait reçu, et songeait comment il pourrait se venger. Après le dîner les seigneurs s'en allèrent à la récréation, et Bartelot, neveu de Charlemagne, appela Renaud pour jouer aux échecs.

Bartelot et Renaud s'assirent pour jouer ; les échecs étaient d'ivoire et l'échiquier d'or massif. Ils jouèrent tant, qu'ils eurent dispute, de sorte que Bartelot traita Renaud de fils de putain et le blessa au visage. Renaud de rage prit l'échiquier et en tua Bartelot.

La nouvelle de la mort de Bartelot se répandit aussitôt dans le palais. Barons, dit Charlemagne en fureur, emparez-vous de Renaud, et par saint Denis, il périra. Alors ils coururent tous sur Renaud, mais ses parens et lui se défendirent si bien qu'il y eut grande mêlée dans le palais. Après avoir protégé leur retraite, Maugis suivit ses cousins, qui montèrent promptement à cheval, et partirent pour Dordonne. Le roi sachant que les quatre fils d'Aymon étaient sortis de Paris, fit armer deux mille chevaliers pour les suivre ; mais Renaud et ses frères ne s'arrêtèrent que lorsqu'ils furent en sûreté. Alors ils préparèrent leurs chevaux, et se voyant suivis de fort près, Renaud s'écria : Hélas! grand Dieu, assistez-nous, s'il vous plaît ; gardez-nous de tomber entre les mains de nos ennemis. Les Français galopèrent si fort qu'ils les attrapèrent, et un des mieux montés cria à Renaud de se rendre, mais Renaud se tourna vers lui et le perça d'un coup de lance, lui prit son cheval et le donna à son frère Alard, puis en frappa un autre et le tomba mort ; il prit son cheval et le donna à Guichard. Enfin vint un autre chevalier du roi qui lui cria : Gloutons, vous serez amenés au roi qui vous fera tous pendre. Ah! par ma foi, dit Renaud, tu mentiras, et lui donna un coup d'épée sur la tête qui le fendit jusqu'aux dents ; puis il prit son cheval et le donna à Richard qui en avait besoin.

Voici les trois frères montés, et Renaud sur Bayard, ayant son cousin Maugis derrière lui. Les gens du roi les poursuivirent inutilement, et ils entrèrent, à la faveur de la nuit, dans Dordonne, où leur mère leur fit bon accueil, et leur demanda où était leur père, s'ils étaient partis de la cour dans les bonnes grâces du roi. Non pas trop, dit Renaud, car j'ai tué son neveu Bartelot, parce qu'il m'a appelé fils de putain, et m'a donné un coup de poing sur la figure, dont le sang en est sorti abondamment.

La dame entendant ce discours tomba pâmée ; mais Renaud la releva : et étant revenue, elle dit : Ah! mon fils, cela va vous occasionner une rude guerre ; mais ôtez-vous d'ici, car si votre père vous y trouvait, peut-être vous mettrait-il entre les mains du roi. Renaud et ses frères prirent ce qui leur était nécessaire, dirent adieu à leur mère et partirent.

Nos nouveaux chevaliers étant partis avec leur cousin Maugis, se jetèrent dans la forêt des Ardennes par la vallée aux Fées, et vinrent au bord de la Meuse où ils bâtirent un fort sur un rocher inaccessible de tous côtés, au pied duquel coulait la rivière ; lorsqu'il fut achevé, ils le nommèrent Montfort. C'était une des plus fortes places de l'Europe ; elle était environnée d'un triple fossé et gardée par de gros bastions formant chacun deux demi-lunes. Ayant bien muni le château de toutes choses nécessaires, ils s'y cantonnèrent.

Le roi fit venir le bon duc Aymon, et lui demanda s'il n'était pas coupable du meurtre de Bartelot : Aymon lui dit que non et qu'il ne savait rien de tout cela. Le roi le fit jurer qu'il ne donnerait aucun secours à ses fils, et qu'en quelque part qu'il les trouverait, il les mettrait entre ses mains, s'il pouvait les prendre. Aymon fit ce serment à son grand regret, mais on fait tout ce qu'on peut pour sauver sa vie. Après cela il vint à Dordonne ; quand la duchesse le vit, elle se mit à pleurer : le duc connut bien son mal, et lui dit : Où sont nos fils ? Sire, dit-elle, je n'en sais rien.

Comme Charlemagne asséigea Montfort, en leva deux fois le siége, et à la troisième il fut brûlé par trahison.

JAMAIS le grand Alexandre ne fut comparable aux fils d'Aymon ; car l'histoire nous raconte que ce grand roi de Macédoine, conquit tant de pays et gagna trente-trois batailles en trente-trois ans qu'il eût de vie, qu'il surpassa les beaux faits de son père Philippe et même ceux d'Hercule son oncle, et qui à la fin mérita ce bel éloge : *Vicit quod novit*, il a vaincu ce qu'il a connu : c'est-à-dire qu'il laissa des marques de sa valeur partout où il passa. Mais sans nous détourner de notre histoire, ni choquer l'honneur de ce grand roi, les quatre fils d'Aymon surpassèrent ces beaux faits.

Après que Charlemagne les eut chassé hors de France, il se fit une grande assemblée dans Paris de toute la noblesse du royaume; il y vint un messager qui s'étant mis à genoux devant lui, lui dit : Sire, je viens du bois d'Ardennes; j'ai trouvé les quatre fils d'Aymon qui ont fait bâtir un château imprenable et désolent tout le pays. Le roi s'étonna fort de cela, et dit à ses princes : Seigneurs, armez-vous, afin que nous ayons vengeance de ces coquins qui m'ont fait tant de mal. Les barons lui dirent qu'ils lui obéiraient en tout, mais qu'il fallait qu'ils retournassent en leur pays pour s'équiper et lever des soldats. Cela leur fut accordé; tous les seigneurs partirent et amenèrent beaucoup de soldats à leur retour.

Le roi fit commandant de son avant-garde le comte Regnier de Montpellier, qui voulait grand mal à Renaud. Quand ils furent en chemin le roi appela Regnier, Guyon d'Ambefort, le comte Geofroi, Longon, Oger le Danois, Richard de Normandie, et plusieurs autres pour rester avec lui. Etant arrivés, ils investirent la place de tous côtés, et firent sonner et battre trompettes et tambours pour intimider les assiégés.

Par cas fortuit les trois frères de Renaud venaient de chasser dans la forêt d'Ardennes avec vingt-quatre chevaliers et s'en retournaient à Montfort. Renaud qui en était sorti regardant vers la rivière de Meuse, vit le camp du roi, et demanda à Guichard quels gens c'étaient, il répondit qu'il n'en savait rien à moins que ce ne fût l'armée du roi, qui venait les assiéger. Comme ils parlaient de ces choses, ils virent l'avant-garde que Regnier conduisait. Aussitôt Richard courut à l'avance et demanda à Regnier à qui étaient ces soldats. Monsieur, ils sont à Charlemagne, qui vient assiéger un fort que les quatre fils d'Aymon ont bâti dans ce bois. Voilà qui est bon, dit Richard; quant à moi je suis soldat de Renaud et ne veux point d'autre maître, et poussant son cheval sur Regnier, il le perça d'un coup de lance, prit son cheval et se retira.

Les Français commencèrent à crier : Mont-joie St-Denis, qui était le mot de leur armée, et les autres crièrent : Montfort. Il y eut un rude combat où l'avant-garde fut défaite. Les nouvelles en vinrent au roi, et que Regnier était mort sur la place; cela l'affligea fort; il dit qu'il était dommage d'avoir perdu ce grand homme. Il commanda à Oger le Danois et au duc Nesme d'aller secourir l'avant-garde que Richard et les siens avaient maltraitée. Ils partirent aussitôt avec trois cents chevaliers en bon ordre ; mais tout cela ne fut rien, car Richard les mit en pièces.

Quand Renaud vit ses frères et si grand nombre de gens venir, il alla au-devant d'eux et les embrassa, puis il dit à Richard : Où avez-vous pris tant de monde ? Mon frère, je vous dirai des nouvelles surprenantes : c'est que le roi nous vient assiéger avec son armée, mes frères et moi venions de la chasse de la forêt des Ardennes, et nous avons rencontré son avant-garde que le comte Regnier conduisait : nous nous sommes battus, nous les avons vaincus, nous en avons tué une grande partie, et le reste a pris la fuite ; nous avons pris tout le bagage que vous voyez. Le comte Regnier a été tué et plusieurs autres de sa suite.

Mes frères, dit Renaud, je dois bien vous aimer d'avoir fait si bien votre devoir contre nos ennemis ; mais ce n'est pas le tout, le temps est venu où chacun doit montrer sa force et son courage, il faut faire paraître aujourd'hui à Charlemagne qui nous sommes, et si nous sommes gens à souffrir des affronts et à être traités de fils de putain. Quand Renaud eut dit cela, ils lui dirent que de leur côté ils ne lâcheraient jamais le pied, qu'il pouvait s'assurer de cette parole.

Renaud ayant entendu la bonne résolution de ses gens, commanda de fermer la porte du château. Oger et ses gens vinrent ; mais ils n'osèrent approcher et rapportèrent au roi ce qu'ils avaient vu, de quoi il fut fort surpris, et jura que s'il pouvait les attraper, il les ferait tous pendre.

— Sire, dit Fouques de Montmorillon, ne craignez rien, faites avancer toute l'armée, faites un siège dans les formes. Il faut investir la place de tous côtés, afin que les assiégés ne puissent recevoir aucun secours, ni aucune munition de guerre ni de bouche, et vous les verrez bientôt obligés de capituler.

Le roi approuva ce dessein, fit battre et sonner tambours et trompettes pour faire avancer le gros de l'armée devant Montfort, qu'il environna de tous côtés.

Quand le roi eut rangé ses gens, il voulut reconnaître la place : il s'approcha avec peu de monde pour la bien considérer ; voyant l'état de cette forteresse, il dit qu'il faudrait bien du temps pour la prendre. Il fit mettre sur son pavillon une escarboucle très-précieuse, qui rendait une clarté comme un flambeau ardent, et y fit mettre aussi une pomme d'or d'une grande valeur. Après que tout le camp fut dressé, le roi entra sous sa tente, fit appeler le duc Nesme, et lui dit : Que personne ne monte à cheval de huit jours, sinon que pour se divertir. Il faut mander de tous côtés qu'on nous amène des gens et des vivres avant que de donner l'assaut général. Alors Nesme prenant la parole, lui dit : Sire, permettez que je vous dise mon sentiment. Parlez, dit le roi. C'est, dit Nesme, qu'avant de rien entreprendre, il faut envoyer un messager à Renaud pour le sommer de vous donner son frère Richard afin de lui faire trancher la tête, et s'il refuse de le faire, lui dire qu'il n'aura jamais de paix avec vous. Voilà qui est bien, dit le roi ; où trouver un messager qui veuille accepter cette commission? Sire, dit Nesme, si vous m'en jugez capable, j'irai avec Oger de Danemarck. Je le veux, dit le roi, et me repose sur votre conduite.

Le duc Nesme et Oger partirent ; étant près du château, ils prirent des rameaux à la main pour montrer qu'ils étaient messagers. Quand Alard, qui était de garde, vit venir ces deux chevaliers, il leur cria : Messieurs, qui êtes-vous? Ils lui dirent : Nous sommes messagers du roi qui nous a ici envoyés pour parler à Renaud. Alard s'en alla d'abord vers son frère, et lui dit qu'à la porte il y avait deux messagers du roi qui souhaitaient lui parler : Renaud commanda de leur ouvrir la porte.

On fit entrer les seigneurs dans le château, et on les mena à Renaud, qui les reçut courtoisement; puis ils s'assirent tous trois pour conférer ensemble. Le duc Nesme lui dit : Le roi vous mande de lui envoyer votre frère Richard pour en faire à sa volonté, qu'à moins de cela vous n'aurez jamais de paix avec lui, et que s'il vous peut tenir il vous fera tous pendre. A ces paroles Renaud rougit de colère, et lui dit : Vous qui êtes notre cousin, comment osez-vous proférer ces paroles? Je m'étonne que vous ayez eu l'imprudence de me croire capable de trahir mon sang; je vous proteste que si vous n'étiez mon parent et mon ami, vous seriez mal venu ici ; vous direz au roi qu'il ne nous connaît pas bien encore, qu'il fasse tout ce qu'il voudra, nous ne le craignons en

Le duc Nesme et Oger se retirèrent bien confus d'une telle réponse. Ils vinrent vers le roi et lui firent le récit de l'accueil que Renaud leur avait fait, et de la réponse qu'il leur avait rendue. Charlemagne fut outré de cette réponse, et commanda de monter à l'assaut si on ne pouvait prendre le château par sape. Il n'avait que trois portes bien fortes, dont Gui et Fouques furent commandés pour attaquer la première. Le comte de Nevers et Oger la seconde, et la troisième, le duc de Bourgogne, le comte Alenois et le vieux Aymon, qui faisait contre ses propres fils.

Montfort fut assiégé par une si grande quantité de gens que cela était effroyable : mais Renaud fit une action très-généreuse; il dit aux siens : Mes amis, ne montez pas à cheval, car je vois nos ennemis qui sont bien fatigués, nous les vaincrions à présent fort facilement : mais cela ne serait pas agir en braves; quand ils seront reposés nous leur ferons voir notre valeur.

Au château de Montfort, outre les fortifications visibles, il y avait un chemin ouvert où un chevalier pouvait passer tout armé. Ce chemin était caché à tous ceux qui étaient dans le château, excepté aux quatre frères et à leur cousin Maugis, qui passaient par-là quand ils le jugeaient à propos. Quand Renaud vit qu'il était temps de sortir, il appela Samson le Bordelais, qui s'était jeté dans la place pour les secourir, et avait amené cent chevaliers avec lui. Renaud leur fit une petite harangue, et leur dit : Mes amis, il est temps de nous faire connaître à nos ennemis; car si nous tardions plus long-temps on nous traiterait de lâches. Aussitôt il embrassa son frère Richard et lui dit : Brave chevalier, il est temps de faire paraître aux yeux de l'Univers qui nous sommes : vous êtes mon cadet et je vous aime autant que moi-même : toutes les menaces du roi ne m'ébranleront jamais et je vous ferai voir ce que je vous suis.

Ils sortirent après par la fausse porte sans faire de bruit, tombèrent sur l'armée du roi, de telle sorte qu'ils la mirent en déroute et tuèrent quantité de monde; ils mirent le feu au camp du roi, et tous les bagages furent brûlés. C'était merveilleux de voir Renaud monté sur Bayard; qui semblait un foudre de guerre, renversant hommes et chevaux : il ne donnait aucun coup d'épée qu'il ne coupât un chevalier, comme s'il eût été sans casque et sans cuirasse.

Quand le vieux Aymon vit que les gens du roi n'avaient pas du meilleur, il se mit à combattre contre ses fils; ce que voyant Renaud, il se tourna vers ses frères et leur dit : N'est-ce pas bien étrange qu'un père veuille détruire ses propres enfans, et si vous voulez me croire, nous lui laisserons la place, je ne voudrais qu'un de nous l'eût frappé.

Ils retournèrent de l'autre côté, mais le père les traita fort mal. Alors Renaud lui dit : Ah ! mon père, à quoi songez-vous ? Au lieu de nous aider à combattre, vous aidez à nous détruire. Ces paroles de son fils l'émurent un peu, mais néanmoins il lui dit qu'il avait promis fidélité au roi et qu'il la lui voulait tenir. Vous ferez bien, dit Renaud, servez-le fidèlement, mais au moins souvenez-vous que nous sommes vos fils et que nous n'avons construit ce château que pour nous servir d'asile.

Quand Aymon ouït parler son fils de la sorte, il fut très-fâché, connaissant bien qu'il disait la vérité; mais il ne pouvait pas faire autrement, de peur que le roi l'aperçut; néanmoins il se retira et laissa passer ses fils. Tandis que Renaud faisait ces reproches à son père, le roi vint avec Aubery, Oger, le comte Henri et Fouques de Montmorillon. Renaud les voyant, fit rallier ses gens, et étant tous assemblés de part et d'autre, un chevalier du roi nommé Thierri poussa son cheval contre les gens de Renaud ; mais Alard, qui le vit venir courut contre lui et le frappa si fort de sa lance qu'il lui perça le corps.

Quand le roi vit tomber le chevalier Thierri, il fut si fâché que peu s'en fallut qu'il ne se trouvât mal. Il cria à haute voix : Seigneurs, vengez-moi de ces gourmands qui détruisent mon armée. Le vieux Aymon entendant ainsi parler le roi, de peur d'être blâmé, poussa son cheval contre un chevalier de ses fils et lui donna un si rude coup d'épée, qu'il lui coupa la tête. Quand Renaud vit cela, il lui dit : Ah ! mon père, vous faites mal de tuer ainsi mes gens ; mais sur ma foi, si je ne croyais offenser Dieu, je me vengerais.

Fouques de Montmorillon voyant que les gens de Renaud se maintenaient si bien contre eux, s'écria : Sire, je vois que nous sommes trahis ; faites venir quantité de monde, pour prendre ces traîtres qui lâchent le pied. Les

Français alors poussèrent leurs chevaux contre leurs ennemis, et les frappèrent si rudement qu'ils les forcèrent à reculer. Alard voyant cela mit l'épée à la main et ranima si bien ses gens, qu'ils repoussèrent vivement leurs adversaires, et abattirent tant de chevaliers que la terre en était couverte. Le brave Renaud n'en frappait aucun à droite ou à gauche qu'il ne fût renversé.

Alors vint Ivon de Saint-Omer qui montait un très-beau cheval; contre lui vint un chevalier nommé Guyon, mais Ivon le renversa, ce qui fâcha fort Renaud, qui recommanda à ses gens de tâcher d'avoir ce cheval, afin qu'il fit compagnie à Bayard. Guichard, à ces paroles, poussa son cheval vers Ivon et le frappa si rudement qu'il le tua; puis il prit le cheval par la bride et le mena à Renaud, en disant : Mon frère, voici le cheval que vous désiriez tant, et Renaud le remercia.

Nous avons deux bons chevaux, dirent-ils, auxquels nous pouvons bien nous fier. Renaud commanda à Guichard de monter sur le grison et de donner le sien à son écuyer. Guichard obéit et revint au champ de bataille. Renaud voyant son père qui revenait encore sur eux, dit : Mon père, vous agissez bien mal : ne pourriez-vous pas vous empêcher de nous voir si souvent? Aymon lui dit : Renaud, gardez-vous bien de Charlemagne, car il veut vous faire tous pendre.

Mon père, dit Renaud, venez nous aider, et nous obligerons le roi de faire la paix avec nous. Vas, mon fils, je n'ai jamais été traître à mon roi, voudrais-tu qu'à l'âge où je suis, je commisse une trahison?—Je ne le veux pas, mais sauvez-vous. Renaud ayant dit cela, poussa son cheval Bayard sur Guimer, et lui passa sa lance à travers du corps.

Aymon voyant son homme mort, mit l'épée à la main et se jeta dans la mêlée, frappant à droite et à gauche en désespéré; mais cela ne servit à rien : le champ de bataille demeura à ses fils. Charlemagne voyant ses gens vaincus, fit battre la retraite. Dans ce moment vint Bernard de Bourgogne, qui frappa si fort Simon le Béarnais qu'il le tomba mort. Les quatre fils d'Aymon voyant un tel homme à bas, en furent fort fâchés; mais Bernard ne demeura pas long-temps impuni, car ils fendirent la presse, rompant les bataillons et renversant tout ce qu'ils rencontraient; il y périt plus de trois cents chevaliers, du nombre desquels fut Bernard.

Alard joûta contre le duc d'Etampe, auquel Renaud voulait tant de mal, il lui perça le cœur d'un coup de lance, et lui fit passer plusieurs fois son cheval sur le corps. Renaud lui dit : Courage, mon frère, vous avez tué mon plus grand ennemi. Aussitôt il fit sonner de la trompette et battre du tambour pour marque de réjouissance, et pour intimider les gens du roi qui, voyant que son armée diminuait de plus en plus, commanda à ses gens de se retirer.

Renaud apercevant la retraite de ses ennemis, les poursuivit l'épée aux reins, en tua plusieurs, et fit grand nombre de prisonniers, entre lesquels se trouvèrent Antoine Guetonea, le comte de Nevers, Thierri d'Ardennes, le comte de Blois et Huon de Bordeaux. Renaud voyant l'armée du roi ainsi défaite fit assembler les siens pour s'en retourner au château ; lui et ses frères firent l'arrière-garde, et pour plus grande sûreté, mirent les prisonniers au milieu d'eux.

En se retirant, leur père se jeta sur eux et leur fit beaucoup de peine, parce qu'ils n'osaient le frapper. Renaud voyant cela, porta un coup d'épée sur la tête du cheval son père, et le tomba mort. Aymon se voyant démonté, mit l'épée à la main et se défendit le mieux qu'il pût, mais sa défense lui eût bien peu servi ; et si ses fils n'eussent eu de la considération pour lui, ils l'eussent fait prisonnier.

Oger lui dit : Père, souvenez-vous que vous avez des fils plus forts que vous. Aymon se remonta et poursuivit ses fils comme un homme hors de sens. Renaud voyant son père acharné contre ses gens, tourna son cheval, et se jeta si rudement avec ses frères au plus fort de la mêlée, qu'ils mirent en désordre tous les soldats de leur père. Le roi voyant ces prodiges et une si grande perte, vint contre Renaud, et lui dit : Je vous défends d'aller plus avant. Renaud obéit, et commanda à ses guerriers d'en faire autant par respect. Il rallia ses troupes, et tous s'en retournèrent au château, bien content du succès de cette bataille.

Quand ils furent entrés, ils furent lever le pont et s'allèrent désarmer ; puis ayant mis les prisonniers en un lieu de sûreté, ils se mirent à table, et après le repas chacun se retira.

Le roi voyant que ses ennemis étaient entrés dans Montfort, rentra dans sa tente, et jura qu'il ne lèverait le siége qu'il n'eût vaincu les quatre frères et rasé leur château. Ils demeurèrent treize mois devant, et ne passèrent semaine sans donner quelque assaut; mais Renaud n'était pas si serré qu'il n'allât à la chasse et à la pêche quand il voulait, par le chemin couvert, et souvent il parlait à ses adversaires pour les porter à la paix. Un jour il dit à Oger : Seigneur, comme je sais que vous êtes mon ami et celui du roi, je vous prie de lui dire que jamais il ne nous prendra par force, car notre château est si bien muni de vivres, qu'il y en a pour long-temps, et ce qu'il peut avoir par la douceur, il ne doit pas employer la force ; quand il voudra, il aura la place et nous aussi, pourvu que nous sortions sauvés de tout le passé. Oger promit de faire son possible pour les accommoder.

Dans ce même temps arriva Fouques de Montmorillon qui dit à Renaud : Vous êtes un homme insensé, vous laisserez Montfort, car ce n'est pas votre héritage ; le roi est plus puissant que vous. Fouques, dit Renaud, je sais bien que le mal que me veut Charlemagne, est d'avoir tué son neveu Bertelot en mon corps défendant ; et si le roi nous veut pardonner nous mettrons bas les armes. Fouques se moqua de lui et de sa proposition, disant que le roi avait juré qu'il les ferait pendre et qu'ils n'auraient jamais de grâce. Prenez bien garde à vous, Fouques, dit Renaud ; il ne faut pas menacer des chevaliers qui valent plus que vous, et si vous avez quelque chose sur le cœur, contre moi, vous n'avez qu'à le dire. Oger qui vit que Renaud prenait de l'humeur, les sépara.

Charlemagne fit assembler beaucoup de monde, et dit : Seigneurs, je me plains des fils d'Aymon qui détruisent mon pays et ont bâti un château qui ne peut être pris par famine, afin de faire payer les contributions à mes sujets. Dites-moi ce qu'il faut que je fasse. Le duc Nesme, comme premier chef d'état, dit : Sire, si vous voulez me croire, nous retournerons à Paris, et quand le beau temps sera venu, nous pourrons réassiéger Montfort : je vous assure que Renaud va à la chasse quand il veut, et qu'il n'est pas prêt à se rendre.

Hernier de Seine prit la parole et dit : Sire, je vous donnerai un meilleur conseil : si vous voulez me donner le château, ce qui est dedans et le terrain de cinq lieues aux environs, je vous amènerai les quatre fils d'Aymon prisonniers avant qu'il soit un mois; le roi lui accorda sa demande.

Aussitôt il dit : Sire, donnez-moi un bon capitaine, avec mille cavaliers, et la nuit je les ferai cacher sous la montagne, et les ferai entrer dans le château.

Le roi envoya quérir Guyon de Bretagne, il lui commanda de prendre mille bons soldats et de faire ce que Hernier lui dirait. Hernier partit aussitôt, s'en vint à la porte du château et dit aux gardes : Messieurs, ayez pitié de moi ; laissez-moi entrer, ou autrement je suis perdu, car le roi me fait poursuivre pour me faire mourir parce que j'ai dit beaucoup de bien de Renaud, et je lui dirai quelque chose pour son profit, s'il veut m'écouter. Les gardes entendant cela le firent entrer sans difficulté. Alors le roi fit apprêter Guyon et mille cavaliers, et les fit couler sous la montagne sans aucun bruit pour s'y tenir cachés jusqu'au jour.

Quand Renaud sut qu'un Chevalier de Charlemagne était venu, il commanda de l'amener devant lui : il lui demanda son nom et sa condition, il répondit : Sire, je suis Hernier de Seine, je me suis courroucé au roi pour l'amour de vous : c'est pourquoi je vous prie de me tenir sous votre protection, ne sachant où aller. Renaud lui dit : Je le veux bien; mais dites-moi, l'armée du roi est-elle bien forte ? Sire, dit-il, ils souffrent beaucoup, il en déserte beaucoup chaque jour. Tant mieux pour nous, dit Renaud.

L'heure du souper étant venue, Renaud et ses frères firent asseoir le traître Hernier avec eux fort joyeusement. Après souper chacun se retira et s'alla reposer. Hernier fut bien logé ayant été recommandé par Renaud. Les soldats étant tous endormis, Hernier se leva et s'arma, puis alla baisser le pont-levis, tua la sentinelle, et fit entrer ses compagnons dans le château, qui tuèrent tous ceux qu'ils rencontrèrent.

Voici une chose bien surprenante ! Il fallait que Dieu protégeât Renaud et les siens ; car les palfreniers s'étant enivrés, s'endormirent si fort, qu'ils n'ouïrent point les chevaux se battre entre eux : Mais Renaud et Alard les entendirent; ils se levèrent, virent la porte de la salle ouverte, et luire des armes au clair de la lune. Alard fut au lit de Hernier, et ne l'y trouvant pas, il s'écria : Mon frère, nous sommes trahis, Hernier a fait entrer nos ennemis. Alors Renaud s'arma en diligence, et fit aussi armer ses gens. Il n'avait avec lui que trente chevaliers. Guyon fit un grand carnage avec ses gens pendant que Renaud et les siens s'armaient.

Alors le traître Hernier vint avec cent soldats faisant un bruit étrange. Alard s'écria : Au secours, mes frères; car si nous ne nous défendons bien nous sommes perdus. Ils se mirent à la porte; et autant qui l'abordaient étaient mis à bas.

Quand les gens du roi virent qu'ils ne pouvaient entrer au donjon, ils mirent le feu aux magasins. Alors Renaud dit à ses frères : Suivez-moi et passons par la fausse porte. Le traître Hernier les y vint attaquer avec ses gens; mais Renaud et les siens se défendirent si bien que les traîtres ne purent y entrer. Ils sortirent à la pointe du jour, tuèrent tous ceux qui s'opposèrent à eux, et rentrèrent dans le château.

Comme Renaud, après avoir vaincu les gens de Charlemagne, fit pendre et étrangler les douze qui en restaient, et tirer Hernier par quatre chevaux.

Hernier se trouvait dans la mêlée du château : Renaud et ses gens fondirent si à propos sur ceux qui étaient dans la place, qu'il ne resta que le traître Hernier, et douze de ses complices que Renaud fit pendre : il fit attacher chaque membre de Hernier à la queue d'un cheval ; sur chacun des chevaux monta un écuyer qui piquèrent les chevaux et démembrèrent ce traître. Après cela on fit un grand feu où on le fit brûler et on jeta les cendres au vent.

Aussitôt que ces nouvelles vinrent à Charlemagne, il en fut bien surpris, et dit : Est-il possible que moi qui suis un des plus puissans rois du monde, ne puisse venir à bout de quatre chevaliers ! Leur oncle tua mon fils Lohier, et Renaud mon neveu Bartelot, et à présent ils détruisent mon camp. Je mourrai de regret si je ne suis vengé. Sire, dit Nesme, si vous m'eussiez cru, vous n'eussiez pas perdu tant de monde.

Pendant ce temps-là les assiégés montèrent sur les remparts et virent que leurs magasins brûlaient ! Renaud dit à ses frères qu'il fallait quitter la place, vu qu'ils n'avaient plus de vivres. Ils dirent que c'était vrai, et sur le soir ils sortirent par la fausse porte, et prirent la route d'Allemagne. Alard et Guichard prirent l'avant-garde avec cent chevaliers ; ils mirent le bagage au milieu. Renaud et Richard venaient après.

Charlemagne ayant été informé de la retraite de Renaud fit crier aux armes. Alors l'armée commença à s'ébranler ; Alard et Guichard, voyant qu'ils ne pouvaient passer sans combattre, poussèrent leurs chevaux contre Charlemagne, et mirent son camp en désordre.

Renaud voyant que ses frères combattaient les ennemis, commanda à ses gens de sauver les bagages, ce qu'ils firent ; alors il piqua Bayard, se mit dans la presse et fit un si grand fracas que tout le camp en fut alarmé. Tous ses gens passèrent malgré leurs ennemis : quand Charlemagne vit cela, il pensa mourir de dépit ; quoique d'un côté il fut aise qu'ils eussent quitté le château ; mais de l'autre il était fâché d'avoir perdu tant de vaillans chevaliers.

Alors le roi se mit en bataille avec Oger, Fouques et plusieurs autres seigneurs. C'est aujourd'hui, dit-il à Renaud, qu'il faut que vous soyez pendus. Sire, lui répondit Renaud, vous vous trompez ; mais prenez garde à vous, car avant que je meure j'en ferai bien mourir d'autres. Aussitôt il poussa Bayard contre Charlemagne, et l'eût peut-être tué, si don Hugues ne se fût mis entre eux, mais ce fut à son malheur, car Renaud lui perça le cœur d'un coup de lance. Le roi s'écria : Prenez ces gourmands, car s'ils s'échappent, je n'aurai jamais de joie. Courage, mes amis, dit l'incomparable Renaud ; tant que je pourrai combattre vous ne devez rien craindre.

Renaud et les siens combattirent si vaillamment, qu'ils ne perdirent rien et arrivèrent au bord de la Meuse. Le roi dit à ses gens : N'allez pas plus avant, car ce serait temps perdu ; tous nos chevaliers sont las : laissez nos ennemis aller à tous les diables ; il faut qu'ils soient magiciens. Campons ici pour nous reposer. On dressa des pavillons ; le roi se fit désarmer, pendant qu'on lui préparait à souper, n'ayant rien mangé de tout le jour.

Lorsque Renaud fut loin du camp du roi, il trouva une claire fontaine où il y avait de belle herbe. Voyant ce lieu plaisant, il dit à ses gens : Voici un bel endroit pour faire paître nos chevaux. Sire, dit Alard, vous dites vrai, mais il n'y a rien pour nourrir les hommes.

Charlemagne dit au duc Nesme : Que ferons-nous ici ? — Sire, si vous voulez me croire, nous retournerons à Paris, car d'aller plus loin ce serait folie, parce que ce bois est trop épais, et la rivière est périlleuse. Comme ils parlaient, vint Bidelon, Reigner, Oger et plusieurs autres qui furent du même avis. Alors le roi fit crier que chacun retournât chez soi.

Après que Charlemagne fut arrivé à Paris, il appela les princes, et leur dit : Messieurs, ne suis-je pas malheureux de n'avoir pu vaincre les quatre fils d'Aymon, moi qui suis un si grand monarque ? S'ils retournent en leur château, il faudra les réassiéger. Sire, dit Nesme, ils sont dans les Ardennes, on ne saurait les en faire sortir que par famine.

Comme le duc Aymon allait en son pays, il fut fort surpris de les voir, et dit à ses gens : Messieurs, que ferai-je, voici mes fils ; combattrai-je contre eux ? Si je les tue, j'en aurai du regret toute ma vie, et si je les laisse, je serai parjure envers Charlemagne. Voyant que personne ne lui répondait, il appela deux de ses chevaliers et leur dit : Allez dire à mes fils que je veux les combattre. Ils allèrent le dire à Renaud qui pensa enrager de dépit, non qu'il appréhendât tant les coups de son père, que la peur de lui faire du mal. Mes amis, dit Renaud, dites à mon père que nous lui demandons trève, et qu'il n'aurait pas d'honneur de nous détruire. Sire, dit un des chevaliers, cela serait inutile, tâchez de vous bien défendre.

Les chevaliers rapportèrent à Aymon la réponse de Renaud qui ne servit qu'à l'aigrir davantage. Il courut sur eux tête baissée. Renaud lui reprocha sa cruauté : les lions et les tigres, et toutes sortes de bêtes féroces prennent un soin particulier de conserver leurs petits; mais vous êtes un père dénaturé qui voulez détruire votre propre sang, et si je ne craignais Dieu je vous exterminerais.

Alors Aymon poussa son cheval contre ses fils; Renaud, qui ne le voulait point frapper, se jeta sur les gens de son père, et y fit un terrible carnage. Ce choc fut fort sanglant, mais les gens de Renaud eurent du pire; car de cinq cents qu'ils étaient, il n'en restait que cinquante, et le duc Aymon avait perdu plus de la moitié des siens. Renaud voyant que ses gens étaient maltraités, gagna la montagne avec eux, où Aymon les poursuivit. Le combat recommença avec opiniâtreté; là fut tué le bon cheval d'Alard qui, se voyant à pied, mit l'épée à la main et se défendit vaillamment. Renaud ayant aperçu Alard à pied, et que son père s'efforçait de le prendre, courut à son secours, et porta un si rude coup au cheval de son père qu'il le renversa. Il retira son frère de la presse, le monta derrière lui et combattit comme s'il eût été seul sur Bayard.

Comme ils s'en retournaient, arriva Emefroy, un des plus vaillans chevaliers de Charlemagne, qui était très-bien monté et qui dit à Renaud : Vous êtes mort ou pris, et frappa fort rudement Renaud sur son écu ; mais celui-ci lui rendit bientôt la pareille, le tomba par terre, prit son cheval, et le donna à Alard, qui monta dessus et le poussa contre Emefroy, qu'il renversa mort. Alors la bataille fut plus rude que jamais ; car il y eut plus de vingt chevaliers d'Aymon tués. Alors Aymon s'écria : Saisissez Alard, car il a tué Emefroy, mon favori. Quand les gens d'Aymon ouïrent cela, ils coururent sur Alard de telle force, qu'ils lui firent quitter la place, n'ayant que quatorze chevaliers capables de combattre.

Renaud se voyant avec si peu de gens, ne sut plus que faire : les larmes lui tombèrent des yeux. Son père qui s'était approché pour le combattre, voyant cela, son cœur en fut ému, et il se mit à pleurer en détestant le sort de ses fils : Ah ! mes enfans, où vous retirerez-vous maintenant ? Je suis en partie cause de votre perte : plût à Dieu que je ne vous eusse pas rencontrés. Il fit enterrer les corps morts et emmena les blessés pour les faire traiter, puis fit mettre Emefroy sur un brancard, et vint à Pordonne où il ne coucha qu'une nuit. Le lendemain il partit pour Paris : étant arrivé, il se présenta au roi, et lui dit : Sire, m'en allant en mon pays par votre ordre, j'ai trouvé mes fils avec cinq cents chevaliers dans la forêt d'Ardennes, je les ai combattus pour les faire prisonniers, mais il m'a été impossible, car ils se sont défendus si vigoureusement, qu'ils m'ont tué quantité de chevaliers, et il ne leur en restait que quatorze : nous les eussions pris, s'ils ne s'étaient sauvés à la faveur de la nuit.

Le roi entendant cela, se mit en colère, et dit à Aymon qu'il était un traître, qu'il s'excusait de mauvaise grâce : dites cela à d'autres, mais non pas à moi. Aymon dit au roi : Sire, je vous assure que ce que je dis est véritable, mais si vous ne me croyez, interrogez ceux qui étaient avec moi ; je ne suis ni menteur ni traître, et si quelques flatteurs vous ont mal parlé de moi, je suis prêt à leur en donner le démenti.

Aussitôt il partit sans rien dire au roi, se retira chez lui, où il trouva la duchesse qui lui fit bon accueil, et lui demanda comment il avait fait. Il lui répondit qu'il avait trouvé ses fils, qu'il croyait prendre pour les amener au roi, mais qu'ils s'étaient bien défendus ; qu'ils lui avaient tué beaucoup de gens et s'étaient sauvés. Béni soit Dieu, dit la mère, j'en suis bien aise ; et moi je suis bien fâché de l'avoir fait, car ayant été à Paris en rendre compte au roi, il m'a qualifié de traître et de parjure ; mais je proteste qu'il s'en repentira.

Comme les quatre fils d'Aymon se jetèrent dans les Ardennes et vinrent comme des sauvages; comme ils furent voir leur mère qui leur donna de l'argent pour faire la guerre à Charlemagne.

Après que les quatre fils d'Aymon eurent perdu tout leur monde, ils se jetèrent dans la forêt d'Ardennes, où ils souffrirent toutes sortes de maux, tellement que le peu de chevaliers qui s'étaient attachés à leur infortune périrent de misère et de faim.

Ces quatre frères devinrent si maigres, qu'ils avaient peine à se soutenir. Ils furent long-temps en cet état, n'osant paraître, crainte d'être pris; enfin, se voyant si misérables, ils dirent entre eux : Ne vaut-il pas mieux mourir une fois que d'être toujours à l'agonie, sans pouvoir finir? Alard prenant la parole, dit : Mes frères, si vous me voulez croire, nous sortirons d'ici et nous irons voir notre mère, je suis assuré qu'elle nous assistera, nous nous reposerons un peu, nous prendrons une bonne compagnie, et nous irons servir quelque monarque.

Renaud trouva ce conseil bon, et se ressouvenant des

richesses de son père et considérant la misère où ils étaient réduits, il dit : Mes frères, mais si notre père nous faisait prisonniers et nous remettait au roi ? Je ne crois pas cela, dit Richard ; pourvu que nous nous soumettions à lui, nous lui fléchirons le cœur : mais en tout cas, il vaut mieux mourir dans un combat que dans une forêt, de faim et de soif ; et comme on le dit, la faim met le loup hors du bois.

Ce conseil fut reçu et exécuté mieux qu'ils ne l'avaient projeté. Ils arrivèrent à Dordonne : les habitants ne les connaissaient pas, et les prenaient pour des Sarrasins. Ils mirent pied à terre devant le palais, et donnèrent à tenir leurs chevaux aux domestiques, puis montèrent dans la salle. Ils n'y trouvèrent personne ; leur père était à la chasse, et leur mère bien triste dans sa chambre. Ils furent long-temps dans la salle sans qu'on leur dît mot. Enfin la duchesse sortant de sa chambre, vit ses fils en si pauvre état, qu'elle ne les connut pas. Alard voulait la saluer ; mais Renaud lui dit que non, pour voir quel accueil elle leur ferait. Elle les regarda, et leur dit : Dieu vous garde, mes amis, êtes-vous chrétiens ? Oui, Madame ; mais les fatigues de la guerre nous ont réduits dans l'état où vous nous voyez, et si vous voulez nous faire du bien nous vous serons obligés.

Elle commanda qu'on leur donnât à manger, et leur dit : Hélas ! mes amis, peut-être que mes fils sont dans la même nécessité ; je ne crois pas les revoir jamais, car il y a sept ans que je n'ai pas su de leurs nouvelles. En disant cela les larmes lui tombèrent des yeux.

Renaud voyant l'amitié de sa mère, lui dit : Madame, ne pleurez point vos enfans, car les voici devant vous. Quand elle fut revenue de son étonnement, elle reconnut au visage de Renaud une marque qu'il avait dès son bas âge. Alors elle l'embrassa, disant : Mon fils où est votre beauté ! vous êtes bien défiguré ; pourquoi vous cacher de moi qui vous aime plus que moi-même.

Ensuite elle regarda les autres trois et les reconnut fort bien. Alors elle s'écria : Hélas, mes chers enfans, est-il bien possible que je vous voie comme vous êtes ! Elle les fit mettre à table, et leur demanda ce qu'étaient devenus leurs gens. Madame, notre père nous les a tous tués, et il en eût fait autant de nous, si Dieu ne nous eût préservés. Ah! mes chers enfants, c'est votre père. Elle dit à un laquais de mettre leurs chevaux à l'écurie et d'en avoir soin.

Pendant qu'ils étaient à table, le duc Aymon vint de la chasse, où il avait pris quatre cerfs et deux sangliers. Il entra dans la salle et trouva ses fils qui dînaient avec leur mère. Il ne les reconnut point, et demanda à sa dame qui étaient ces gens-là. Elle lui dit : Sire, ce sont vos fils, que vous avez maltraités et chassés de partout, ils ont été contraints de vivre dans les bois comme les bêtes sauvages : il semble que vous ne les ayez faits que pour les détruire; je vous prie de les retirer pour ce soir, et demain ils partiront.

Aymon entendant ainsi parler la duchesse dit à ses enfants : Malheureux que vous êtes, ne pouviez-vous pas aller par les bourgs et les villes les mettre à contribution? Mon père, dit Renaud, si votre pays est en paix, tous les autres ne le sont pas, vous pourriez faire cent lieues que vous ne trouveriez pas une bonne maison, tout s'est retiré dans les citadelles. Ah! mon cher père, que vous nous faites tort; vous nous avez chassés de partout, vous avez tué nos gens : où voulez-vous que nous allions? Puisque vous nous haïssez tant faites-nous trancher la tête, pour plaire à Charlemagne.

Quand Aymon ouït ainsi parler Renaud, son cœur s'attendrit, et il se mit à pleurer, en disant : Grand Dieu! qui m'avez fait la grâce de me donner une si belle lignée, je me croirais le plus heureux homme du monde si mes fils pouvaient habiter mon pays, et avoir paix avec l'empereur, car jamais le roi Priam n'eut fils plus vaillant que moi; mais infortuné que je suis, j'ai juré que je ne donnerais aucun secours à mes fils; au contraire, que j'aiderais à les prendre pour les amener au roi. Ah! mon Dieu, ôtez-moi cette pensée, effacez mon parjure; car je l'ai fait inconsidérément.

Dans ce temps-là il se tourna vers la duchesse, et lui dit : Madame, afin que je ne paraisse pas parjure envers le roi, je vais à la campagne; vous pourrez donner à vos fils ce que vous jugerez leur être nécessaire, et je prétends qu'ils lèvent des gens pour faire parler d'eux en Europe. La dame le remercia du pouvoir qu'il lui donnait, et d'abord elle disposa tout pour les faire équiper avec magnificence. Après que les équipages furent finis, elle les mena au trésor, et leur dit de prendre ce qu'ils voudraient. Renaud se voyant régalé de toutes les façons, remercia Dieu et sa mère du bien qu'elle leur avait fait, principalement de les avoir fait rentrer dans l'amitié de leur père, ce qui l'avait porté à leur faire le bien qu'ils recevaient.

Renaud ayant pris l'or et l'argent qu'il voulut, fit lever des soldats de tous côtés, et ayant choisi cinq cents bons hommes, il les équipa de pied en cap, et les monta de bons chevaux, puis dit adieu à sa mère et à ses amis. Comme ils étaient sur le point de partir, son cousin Maugis arriva; il venait de son pays. Etant descendu de cheval, il courut embrasser ses amis, et leur dit: Mes cousins, je remercie Dieu de ce qu'il nous rejoint encore. Et moi aussi, dit Renaud, car je vous croyais mort. D'où venez-vous donc maintenant? En vous quittant je fus chez moi pour y lever des troupes, afin de venger la mort de mon père, et me joindre à vous. J'ai choisi pour cet effet mille bons chevaliers qui sont tout près d'ici, avec deux mulets chargés d'argent, pour soutenir notre cause, je vous les offre. Renaud le remercia et les accepta.

Comme les quatre fils d'Aymon et leur cousin Maugis arrivèrent en France, où ils firent bien du mal; et comme Yon, roi de Gascogne, les retint à son service.

RENAUD, ses frères et leur cousin Maugis ayant assemblé leurs troupes, qui étaient de quinze cents hommes en bon état, traversèrent la Brie, le Gatinois, et l'Orléanais, franchirent la rivière de Loire, et firent du dégât partout où ils passèrent jusqu'à Poitiers, où ils apprirent que Yon, roi de Gascogne, était attaqué par les Sarrasins. Maugis dit à Renaud: Mon cousin, l roi de Gascogne est un prince de grand renom; allons lui offrir nos services. Renaud le trouva bon, et ils prirent la route de Bordeaux, où ils arrivèrent avec leurs troupes.

Aussitôt ils allèrent se désarmer, et prirent de riches habits, ayant avec eux une grande suite. Quand ils furent arrivés au palais, le capitaine des gardes voyant Renaud si bel homme et si bien accompagné, alla à sa rencontre, et lui dit: Monseigneur, soyez le bien venu: que souhai-

tez-vous? Renaud lui rendit son salut, et lui dit qu'il voulait parler au roi. Monseigneur, lui dit le capitaine, il est dans la salle du conseil d'état, où il cherche les moyens de pouvoir se défendre d'un puissant ennemi qu'il a sur les bras, lequel brûle et saccage partout où il passe, et on dit qu'il est à présent dans Toulouse avec beaucoup de monde.

Renaud entendant cela, lui dit : Cet ennemi est-il si puissant qu'on le fait? En parlant ensemble le roi arriva, qui fut bien surpris de voir de tels seigneurs dans son Louvre. Ils saluèrent le roi fort civilement, et lui dirent : Sire, nous sommes ici pour saluer votre majesté et l'assurer en même temps de nos très-humbles services. Messieurs, vos offres ne sont point de refus; je les accepte : mais il ne vous déplaira pas si j'ose vous demander qui vous êtes? Sire, dit Renaud, nous sommes les fils d'Aymon, duc de Dordonne, chevaliers de l'empereur Charlemagne, lequel nous ayant chassés de son pays à cause d'un accident arrivé entre nous, nous a fait haïr de notre père et déshériter de nos biens; ce qui est cause que nous errons ainsi dans le monde, cherchant un asile plus assuré que notre propre domaine, ce que nous avons cru ne pouvoir mieux trouver qu'auprès de votre majesté, nous ne vous demandons aucune solde, seulement qu'après avoir servi votre majesté, vous nous serviez aussi à la pareille contre nos ennemis.

Yon fut bien surpris d'un tel discours; et regardant le ciel, il remercia Dieu de la grâce qu'il lui faisait de lui envoyer ce secours, et leur dit : Messieurs, soyez les bien venus, je vous promets, foi de roi, que si jamais vous avez guerre, je vous servirai de tout mon pouvoir.

Borgon, cet ennemi formidable, était à Toulouse, où il fit assembler son conseil, et lui dit : Mes amis, vous savez que quand le fer est chaud il faut le battre; vous entendez bien ce que je veux dire : il me semble que tandis que les blés sont grands, il faut descendre à Bordeaux; car nos chevaux y trouveront de quoi manger. Il partit le matin avec vingt mille chevaliers, et vint camper près de Bordeaux, puis envoya quatre cents Sarrasins pour gâter le pays.

Le roi ayant été averti, fit armer son peuple; les quatre fils d'Aymon et leur troupe furent à cheval se présenter au roi. Renaud lui dit : Sire, ne vous étonnez pas, Dieu nous assistera, et vos ennemis ne retourneront pas tous en leur pays. Renaud, dit le roi, je vais vous suivre. Il sortit de Bordeaux monté sur Bayard qui jetait le feu par les yeux, et le poussa contre ses ennemis : ses gens le suivirent, et firent un tel massacre des Sarrasins que la terre en fut couverte. Borgon voyant son avant-garde défaite s'avança avec le gros de la cavalerie pour faire tête.

Renaud voyant venir tant de monde, ne s'effraya pas; au contraire, il encouragea ses gens, en disant : Mes amis, c'est aujourd'hui qu'il faut exterminer tous ces Sarrasins, et planter la croix de Jésus-Christ au milieu de leur camp. Borgon se mit à repousser les chrétiens et leur fit du mal, mais Renaud et les siens lui firent bientôt tourner le dos, car après avoir perdu un grand nombre de soldats, il s'enfuit honteusement, et abandonna son armée, qui fut taillée en pièces.

Renaud voyant que Borgon fuyait, le poursuivit, combattit et le mit à bas. Borgon se releva d'abord, mit le sabre à la main. Renaud voyant cela, dit qu'il ne voulait pas se prévaloir de son avantage; il descendit de cheval et ils se battirent rudement. Borgon voyant la force et l'adresse de Renaud fut bien étonné, et eut peur de perdre la vie; il recula un peu, et dit à Renaud : Brave chevalier, je te prie de me faire quartier. Je le veux, dit Renaud, et Borgon se rendit.

Ils montèrent tous deux à cheval, et vinrent trouver le roi Yon. Renaud lui dit : Sire, voici Borgon; je vous prie qu'il n'ait point de mal. Quand ses frères et Maugis virent cela, ils furent joyeux. Le roi les ramena au Louvre, où ils furent bien traités, et dit à sa cour : Je serai obligé toute ma vie aux quatre fils d'Aymon, car ils ont mis la paix en Gascogne. Le roi leur donna tout le butin des ennemis, et ils le distribuèrent aux soldats.

Le roi avait une sœur fort belle, qui entendant parler de Renaud, appela un chevalier nommé Gautier, et lui demanda si ce qu'on disait de Renaud était vrai. Il lui dit : c'est le meilleur chevalier du monde, car il a pris le roi des Sarrasins et nous a délivrés de ces ennemis. La princesse entendant cela en fut bien surprise.

Quelques jours après, Borgon dit au roi : Sire, si votre majesté veut me délivrer avec mes gens de la captivité, je vous donnerai dix charges d'or. Yon dit qu'il en parlerait à Renaud et à son conseil : ce qu'il fit; et la proposition fut acceptée. Borgon leur délivra les dix charges d'or que Yon voulut donner aux quatre fils d'Aymon, mais ils le remercièrent.

Un jour que Renaud et ses frères avaient été chasser, ils passèrent au bord de la rivière la Gironde; ils virent un terrain élevé propre à y bâtir un château et résolurent de le demander au roi.

Renaud prenant congé du roi, lui dit : Sire, je ne sais pas si nos services vous sont agréables ; mais si votre majesté voulait nous permettre de nous retirer, nous lui serions obligés. Ah! Messieurs, dit le roi, pourquoi me voulez-vous quitter? demandez-moi ce qu'il vous plaira, et ne me quittez pas. Sire, dit Renaud, nous ne vous quitterons pas, mais je vous demande une grâce : c'est qu'en chassant près de Gironde, j'ai vu un endroit propre à y bâtir un lieu de plaisance; si c'est votre volonté de nous l'accorder? Le roi dit que c'était peu de chose, et qu'il le leur accordait.

Le lendemain le roi partit avec les quatre frères et ving

chevaliers de sa garde, ils visitèrent l'endroit qu'ils trouvèrent fort commode. Mais un chevalier tira le roi à part, et lui dit : Sire, à quoi pensez-vous ? si vous permettez de bâtir ici un fort, par la suite vous aurez des maîtres chez vous. Le roi faisant réflexion sur ces paroles, vit bien que le chevalier disait vrai, mais il ne savait que faire, ayant donné sa parole. Renaud connaissant quelque chose, lui dit : Sire, ne craignez rien de ma fidélité, je vous jure que je n'ai d'autre dessein que celui d'éviter la persécution de Charlemagne ; et vous promets de vous servir en toute occasion.

D'abord il fit venir les ingénieurs pour faire le plan de son château et mettre la main à l'œuvre. En premier lieu il fit faire des remparts de brique fort épais, puis le corps du logis et le donjon, après cela il le fortifia de quatre gros bastions et d'un ouvrage à corne qui aboutissait à la rivière. Quand le château fut achevé, le roi vint le visiter : Renaud lui en fit voir toutes les particularités qu'il admira fort, principalement la fontaine qui était au milieu.

Le roi lui dit en riant : Comment appelez-vous ce château ? Sire, dit-il, il n'est pas encore baptisé, nous vous attendions pour lui donner son nom. Eh bien ! dit le roi, il s'appellera Montauban. Il fit publier que quiconque voudrait s'y établir, serait exempt de toutes charges pendant dix ans. Quand les peuples circonvoisins surent cette libéralité, ils vinrent de toutes parts s'y établir, et sachant que Renaud était ami du roi, cela les excita davantage.

Quelques courtisans dirent au roi de prendre garde que Montauban était bien fort, et que ses maîtres étaient à craindre. Un chevalier lui dit : Sire, je vous conseillerais de faire une chose. Et quoi, dit Yon ? C'est que pour vous bien maintenir avec de si vaillans princes, il faudrait faire alliance avec eux et marier votre sœur à l'incomparable Renaud, ce qui vous ferait redouter de tout le monde.

Le premier jour de mai, Renaud et Alard s'en allèrent à Bordeaux voir le roi, qui sachant leur arrivée vint au-devant pour les embrasser. Comme ils étaient à s'amuser, vint le vieux chevalier qui avait parlé du mariage, qui leur dit : J'ai fait un songe cette nuit, où il me semblait voir Renaud monté sur un puits et le peuple s'inclinait devant lui ; le roi lui donnait une colombe, et ensuite il était venu un grand sanglier du côté de Gironde qui faisait un grand fracas, et nul ne put l'arrêter que Renaud ; je ne sais ce que cela signifie. Alors survint le docte Bernard qui dit : Messieurs, s'il vous plaît, je vous l'expliquerai. Ils dirent qu'oui. Le puits signifie le château que Renaud a fait faire ; le peuple qui s'inclinait devant lui sont les habitants du lieu ; le don du roi, qu'il prendrait sa sœur en mariage ; le sanglier, qu'un grand prince attaquerait le roi Yon, et que Renaud le défendrait. Touchant le mariage, dit le roi, de mon consentement il serait déjà fait. Renaud le remercia, et lui dit : Il ne tiendra pas à moi qu'il s'accomplisse.

Comme le roi Yon, après avoir reçu plusieurs services de Renaud, lui donna Clarice, sa sœur, en mariage.

Alors de part et d'autre le mariage fut accordé. Le roi Yon alla trouver sa sœur, qui était dans sa chambre, et lui dit : Ma sœur, j'ai arrêté votre mariage. Elle lui dit : A qui me donnez-vous, mon frère ? Le roi répondit : Au généreux Renaud.

La princesse fut fort contente de cela ; et dit au roi que ce qu'il ferait elle l'accepterait. Le roi la prit par la main, la mena dans la salle, et dit à Renaud en présence de tous : Vaillant chevalier, voilà ma sœur que je vous donne. Sire, dit Renaud, je vous remercie, un chevalier comme moi ne mérite pas une si grande princesse. Ils allèrent à l'église où Renaud la fiança, et trois jours après l'archevêque Aldoins les épousa à l'aspect de tout Bordeaux.

Après cela Renaud amena sa femme à Montauban, où ils furent reçus honorablement de tout le monde.

Comme Charlemagne somma le roi Yon de lui rendre ses ennemis. Comme Roland fut fait chevalier, et comme Renaud gagna la couronne du roi à la course.

CHARLEMAGNE étant à Paris, fit vœu d'aller à St-Jacques en Galice, pour une victoire qu'il avait remportée sur les Sarrasins. Il partit de Paris et amena avec lui Oger, Nesme et plusieurs autres. Quand ils furent tous arrivés à l'église, le roi offrit dix marcs d'or. Après avoir fait sa dévotion, il traversa l'Espagne, vint à Toulouse, puis à Montauban, où il admira le château nouvellement bâti, disant que le roi Yon voulait faire la guerre, puisqu'il faisait construire des citadelles si fortes. Il demanda à un homme du pays comment se nommait le château. Sire, dit-il, on le nomme Montauban : c'est Renaud qui l'a fait. L'empereur en fut irrité.

Peu de temps après, étant arrivé à Paris, il dit à Oger et Nesme d'aller de sa part dire à Yon de lui remettre les fils d'Aymon entre ses mains, où autrement qu'il lui déclarait la guerre. Oger dit : Nous vous obéirons, mais donnez-nous des gens pour nous accompagner. Charlemagne lui dit de prendre cent chevaliers, et de partir. Quand Oger fut arrivé à Bordeaux, on lui dit que le roi Yon était à Montauban, il s'en retourna, et sur la route il trouva le roi Yon et lui dit : Sire, l'empereur nous envoie vous demander ses ennemis, les quatre fils d'Aymon, que vous avez retirés en ce pays, pour être conduits à Paris, et si vous ne le faites pas, il vous déclarera la guerre. Oger, dit le roi, il est vrai que j'ai retenu les fils d'Aymon, et c'est Dieu qui les envoya à mon secours, car sans eux les Sarrasins eussent investi mon royaume ; et pour récompense j'ai fait épouser ma sœur à Renaud : c'est pourquoi je serais un méchant homme si je trahissais mon sang et mes bienfaiteurs. Je vous prie de dire à Charlemagne que je ne suis pas capable d'une telle lâcheté.

Oger et ses gens repartirent pour Paris et rendirent

compte de ce qui s'était passé à l'empereur, qui en fut irrité ; et comme il réfléchissait sur cela, il survint un beau jeune homme qui avait avec lui trente-deux jeunes écuyers, il salua l'empereur avec grâce, qui lui dit : Qui êtes-vous ? Sire, mon nom est Roland, fils de votre sœur et du duc Milon. L'empereur fut fort joyeux et l'embrassa plusieurs fois, disant : Je veux vous faire chevalier demain, afin de combattre Renaud. Sire, dit Roland, je ferai votre commandement, et vous promets que Renaud n'aura point de quartier ; car il tua mon cousin Bartelot, et j'en aurai vengeance.

Le lendemain matin Charlemagne fit son neveu chevalier avec l'applaudissement de toute sa cour. Pendant que la fête se faisait, vint un courrier de Boulogne demander du secours à l'empereur contre les Sarrasins qui tenaient la ville assiégée. Le roi en fut bien surpris, mais Roland lui dit : Sire, si vous voulez me donner des troupes, j'irai faire lever le siége. Le roi lui dit : Je le veux, et me repose sur vous. Il lui donna vingt mille hommes, et les lui recommanda.

Ils arrivèrent de nuit près du camp des ennemis, et s'embusquèrent dans des bois. A l'aube du jour ils virent les Sarrasins qui emmenaient grand nombre de prisonniers, et beaucoup de bétail. Roland et son armée se jetèrent dessus, délièrent les esclaves et emmenèrent le bétail. Les assiégeans ayant ouï le bruit, vinrent au secours de leurs gens. Roland se jeta sur eux, en fit un tel carnage, que la terre était couverte d'hommes et de chevaux morts, et fit prisonnier le roi Accupa qui les commandait. Le reste des infidèles prit la fuite ; les Français les poursuivirent, les mirent en pièces ou les firent prisonniers. Accupa dit à Roland de l'amener à l'empereur, que lui et sa famille se feraient chrétiens : ce que Roland fit.

Charlemagne ayant appris la victoire et l'arrivée de Roland et d'Accupa, vint les recevoir. D'abord que Roland le vit il mit pied à terre, lui présenta le Sarrasin, et lui dit : Sire, il m'a promis de se faire chrétien avec sa famille, et qu'il vous paierait un tribut annuel, si vous lui vouliez faire grâce. Neveu, dit-il, je ne me fie pas à lui, il faut le mettre en prison. Ensuite, Charlemagne dit au duc Nesme : Que dites-vous de mon neveu Roland ? Sire, dit Nesme, je ne crois pas qu'au monde il y en ait un tel : il a tout seul défait les ennemis, et s'il avait un cheval plus fort, il n'y a homme qu'il ne renversât. Comment ferons-nous, dit le roi, pour en trouver un bon ? Nesme lui répondit qu'il fallait faire assembler toute sa noblesse, et promettre sa couronne d'or pour prix à celui qui courrait le mieux : que par ce moyen il connaîtrait le meilleur cheval, et qu'il pourrait l'acheter. Le roi dit : Voilà qui est bien ; il fit faire une assemblée, et proposa ce que Nesme avait dit.

Un homme de Montauban étant à Paris, apprit ce qui se passait à Renaud, qui fut bien aise et qui dit à Maugis : Charlemagne verra le meilleur tour du monde, je lui aurai sa couronne sans qu'il me connaisse. Cousin, dit Maugis, souffrez que je vous fasse compagnie. Renaud accepta son offre, et fit appeler ses trois frères, qui prirent les gens qu'ils voulurent, et partirent pour Paris.

Quand ils furent à Orléans, on leur demanda d'où ils étaient. Maugis répondant pous tous, dit : Nous sommes Béarnais, qui allons à Paris pour essayer nos chevaux ; et passèrent outre. Etant arrivés à Paris, ils furent loger au faubourg Saint-Antoine. Les gens du roi leur demandèrent qui ils étaient. Maugis répondit qu'ils étaient de Péronne. Nesme qui était présent, voyant que Renaud ne disait mot, demanda qui il était : Monsieur, dit Maugis, c'est un homme qui ne sait pas parler français. Il lui dit : Mon ami, d'où es-tu ? Renaud répondit : *Y en sai pas point France en Breton parler cheval à Paris couronne roi drap homis haigner mi....* Alors le duc Nesme se mit à rire, disant : Qui diable t'a si bien appris à parler français, et s'en alla. Ils entrèrent dans l'auberge et firent arrêter leurs chevaux. Maugis prit de la soie, en lia le pied à Bayard, puis l'ayant frotté de certaines drogues, le fit paraître d'un gris pommelé ; il oignit aussi le visage de Renaud d'une pommade, qui fit qu'il ne paraissait pas avoir plus de vingt ans. Ayant ainsi accommodé Renaud et son cheval, il dit à ses cousins : Ne les ai-je pas bien transfigurés ? Ils se mirent tous à rire.

Charlemagne voyant que toute la noblesse était arrivée, appela le duc Nesme, Oger le Danois et Fouques de Montmorillon, et leur dit : Seigneurs, prenez cent chevaliers, allez-vous mettre sur le chemin d'Orléans, et ne laissez passer personne sans savoir qui c'est, car je crains fort que Renaud ne vienne. Il s'en allèrent, et s'arrêtèrent au Bourg-la-Reine, où ils demeurèrent long-temps ; ne voyant passer personne ils s'en retournèrent à Paris.

Le lendemain, jour de la course, ils allèrent ouïr la messe avec les autres. Le service étant fini, le roi commanda que sa couronne fut mise au bout des lices, avec cinq cents marc d'argent, et les draps proposés, ce qui fut exécuté par le duc Nesme et Oger. Lorsque tout fut prêt, le roi défendit à tous les chevaliers d'avoir dispute entre eux. Ils se moquaient de Renaud et de son cheval qui clochait, ne sachant pas la finesse qui était faite. Maugis voyant que le signal de la course se donnait, ôta promptement la soie qui serrait le pied de Bayard, qui eut bientôt passé les autres, quoiqu'ils fussent devant. Ceux qui gardaient les lices voyant Bayard courir ainsi, furent fort surpris, et dirent entre eux : J'admire ce cheval, il n'y a qu'un moment qu'il était boiteux, à présent il les passe tous. L'empereur dit au duc de Normandie : Vit-on jamais de plus beaux chevaux qu'il y en a ici ? Non certes, dit le duc : mais ce pommelé les a tous passés ; il ressemble bien à Bayard, et s'il était du même poil, je dirais que c'est lui : celui qui le monte est un homme adroit.

Renaud étant le premier au bout de la course, prit la couronne et laissa le reste, puis revint vers le roi, qui lui dit : Ami, ma couronne est à vous ; mais si vous voulez me vendre votre cheval, je vous en donnerai ce qu'il vous plaira. Par ma foi, dit Renaud, je ne l'ai pas amené ici pour le vendre ; un autre ne s'en servirait pas comme moi : je suis Renaud, qui emporte votre couronne : cherchez un autre cheval pour Roland, car le mien me fait besoin. Il piqua Bayard qui disparut comme un éclair. Charlemagne entendant cela pensa mourir de dépit, et cria à haute voix de courir après pour le prendre. Les chevaliers obéirent ; mais leur poursuite fut inutile, car Bayard les laissa derrière lui, et passa la Seine à la nage : étant au-delà, le roi lui fit dire de lui remettre sa couronne, qu'il lui donnerait trêve pour deux ans, et le montant de ce qu'elle valait en argent. Par ma foi, dit Renaud, c'est un gage précieux, je la veux garder ; je ferai mettre l'escarboucle au plus haut de la tour de mon château, pour servir de fanal aux passans.

Charlemagne voyant cela, fut plus irrité qu'auparavant, et ne sachant plus que dire, il se retira tout confus. Renaud galoppa sans s'arrêter jusqu'à Melun, où il rencontra ses frères qui l'attendaient avec impatience.

Ils s'embrassèrent et comme ils se félicitaient, Maugis

arriva et leur dit qu'il fallait partir promptement, parce que les gens de Charlemagne les poursuivaient. En peu de temps ils arrivèrent à Orléans, où ils passèrent la Loire, puis firent tant qu'ils arrivèrent à Montauban ; ils furent bien reçus de la dame Clarice, et de ceux du château. Renaud leur raconta le sujet de son voyage à Paris, et comme il avait gagné la couronne de Charlemagne, ce qui les rendit joyeux.

Comme Charlemagne assiégea Montauban, dont au commencement Renaud gagna la bataille.

PENDANT que les quatre fils d'Aymon étaient à Montauban, Charlemagne songeait à leur faire la guerre. Il assembla son conseil, et dit : Seigneurs, comment ferai-je pour me venger de Renaud ? Vous savez comme il m'a rebuté et s'est moqué de moi en emportant ma couronne ; je mourrai de déplaisir si je ne suis vengé. Nesme dit : Sire, si vous voulez me croire, vous ferez un édit pour que toutes vos troupes soient prêtes à la Chandeleur prochaine, avec des magasins de vivres pour plusieurs années, afin d'avoir Montauban par famine et vous venger de vos ennemis.

Charlemagne remercia Nesme de son avis, dit qu'il était bon, et qu'il le suivrait. Il fit faire en conséquence une bonne lettre circulaire qu'il envoya par tout son empire, contenant : Que tout homme qui avait accoutumé de porter les armes, fût rendu à Paris au commencement de février. Quand les gentilshommes virent cet édit, chacun s'apprêta pour obéir à l'empereur. L'armée fut si nombreuse, qu'ils ne purent tous loger dans Paris. L'empereur les ayant fait assembler, leur dit : Messieurs, vous savez que le roi de Gascogne a retiré mes ennemis mortels en son pays : ce sont les quatre fils d'Aymon ; vous savez le tort qu'ils me font, c'est pour en avoir vengeance que je vous ai demandés.

Sire, dit le comte de Nanteuil, vous voyez que nous venons d'Allemagne, et que nous sommes las, dispensez-nous, s'il vous plaît, de faire cette campagne, et faites marcher ceux qui n'ont pas servi. Ce discours ne plut pas à l'empereur ; mais ayant fait réflexion, il remit, par un second édit, l'assemblée de ses troupes aux fêtes de Pâques.

Un espion de Renaud qui avait entendu tous ces discours, en avertit son maître qui en fut bien aise. Aussitôt il dit à ses frères : Je vous annonce la nouvelle que le roi vient nous assiéger, et qu'il mène avec lui toutes les forces de la France, songeons à les bien recevoir, ils auront plus d'affaires qu'ils ne pensent. Alard prenant la parole, dit : Mon frère, pourvu que Dieu vous conserve la vie, j'espère que nous triompherons.

Les Fêtes de Pâques étant venues, Richard de Normandie fut le premier qui vint avec plusieurs braves chevaliers. Puis vint Samson de Bretagne, qui amena aussi une fort belle compagnie. Après vint Desirs d'Espagne, qui amena six mille hommes ; Geofroid, comte d'Avignon, qui avait une fort belle compagnie ; Bertau d'Allemagne, qui avait amené quantité de monde ; l'archevêque Turpin, dont l'empereur fut bien aise, parce qu'il était un des principaux conseillers.

Quand toute l'armée fut assemblée, il fit si cher vivre à Paris, que si le roi y eût demeuré guère plus, le menu peuple fût mort de faim ; il fit la revue de son armée, et la fit partir aussitôt. Il s'y trouva trente mille jeunes chevaliers, et plus de soixante mille vieux. Le roi fit Roland général de l'armée. Il prit la route de Montauban, où étant arrivé il investit la place et voulut donner l'assaut ; mais Charlemagne dit qu'il allait plutôt les faire sommer de se rendre ; s'ils refusaient qu'alors on le donnerait.

Il fit monter un chevalier tout désarmé sur une mule et l'envoya à la porte du château demander à parler à Renaud. Ceux qui gardaient la porte voyant que c'était un messager, le prirent et l'amenèrent à Renaud, qu'il salua humblement, et lui dit : Sire, l'empereur vous mande que si vous voulez vous rendre et lui donner votre frère Richard pour en faire à sa volonté, il vous fera grâce ; si vous ne le faites, il assiégera votre château, et s'il peut vous prendre, il fera de vous une cruelle justice.

Quand Renaud l'eut entendu il sourit, en disant : Ami, dites à votre maître que je ne suis pas si lâche que de lui vendre mon frère ; si je faisais ce fratricide, lui-même m'en blâmerait, mais dites-lui, s'il vous plaît, que moi et mes frères sommes ses serviteurs, et nous nous soumettrons à lui comme à notre souverain, pourvu qu'il nous pardonne le passé : s'il ne le veut faire, Dieu nous assistera. Le messager dit cela à l'empereur, ce qui l'irrita encore davantage.

Comme Renaud emporta le dragon de dessus la tente de Roland, tandis qu'il était à la chasse avec Olivier.

CHARLEMAGNE voulant absolument prendre Montauban fit placer sa tente auprès de la porte. Il y eut d'abord plus de mille tentes autour de Montauban. Roland fut si orgueilleux, qu'il fit mettre un dragon sur la sienne ; il voulut considérer de près la situation de la place, et l'ayant examinée, Olivier dit : Nous en avons pris de plus fortes ; nous prîmes bien Lauzane et abattîmes la grande tour de Constantinople, je crois que Montauban n'est pas plus fort ; et si les fils d'Aymon ne se rendent, ils sont en danger d'être pris. Ils n'en feront rien, dit Roland ; je vous jure qu'avant qu'ils se rendent, il y en a plus d'un qui voudrait être à Paris.

Un jour que Roland se promenait avec l'archevêque Turpin et Olivier, il leur dit : Nous sommes très-bien pour chasser, il y a ici quantité de gibier, allons en prendre avec nos faucons. Sire, dit l'Archevêque, vous pouvez y aller, mais je ne quitterai pas. Roland et Olivier s'en allèrent avec trente de leurs meilleurs chevaliers, prirent les faucons, et furent désormais se divertir au bord de la rivière, où ils prirent beaucoup d'oiseaux.

Un espion de Renaud qui était au camp du roi, vint l'avertir de ce qui se passait. Aussitôt il fit avertir ses frères et Maugis, et leur dit que Roland, Olivier et trente des meilleurs chevaliers de l'armée, étaient allés chasser aux oiseaux; que ferons-nous, cousins, dit Maugis? il faut aller attaquer pendant leur absence le camp des ennemis. Les frères de Renaud furent du même avis, et l'on donna en conséquence des ordres pour cette exécution.

Renaud voyant tous ses gens prêts, leur dit : Messieurs, si nous avons le bonheur de vaincre nos ennemis, je vous donne tout le butin que nous ferons sur eux. Sire, dirent-ils, étant en votre compagnie nous vaincrions le diable. Ils passèrent par la fausse porte et se rendirent au camp, qui était gardé par Turpin, qui voulant regarder du côté du bois, vit les ennemis, dont il fut bien surpris. Il appela Oger le Danois, qui mit l'épouvante dans le camp.

Renaud se voyant découvert, encouragea ses gens, et dit à Maugis de prendre mille chevaliers, de demeurer dans le bois, jusqu'à ce qu'il serait besoin de les secourir.

Maugis fit son commandement : Renaud piqua Bayard, et le premier qu'il rencontra fut Aiméry, comte de Nicol, à qui il passa sa lance au travers du corps, puis prit son épée, et en fit un tel fracas que tous fuyaient à sa rencontre.

Quand l'archevêque Turpin vit Renaud, il courut sur lui à toute bride; ils se donnèrent de si rudes coups qu'ils firent voler leurs lances en pièces : mais ni l'un ni l'autre ne tomba. Renaud ayant pris son épée lui donna un tel coup sur son casque, qu'il le fit chanceler, et lui dit : Père, vous seriez mieux dans votre Eglise à chanter l'office que d'être là. Enfin tout le camp se troubla : il y eut tant de coups donnés de part et d'autre que la terre était couverte de morts. Alors Oger arriva monté sur Boifort : il frappa Gichard, frère de Renaud, si rudement, que son cheval tomba. Se voyant démonté, il mit l'épée à la main et se défendit vigoureusement. Renaud voyant

Richard à bas, courut contre Oger, et le frappa si fort, qu'il mit l'homme et le cheval par terre ; il prit Boifort par la bride, et dit à Oger : Vous avez mal fait d'abattre mon frère ; vous qui devriez nous aider, vous faites pire que tous, et vous n'en usez pas en cousin ; mais pourtant prenez votre cheval, à condition qu'une autre fois vous nous rendrez la pareille. Oger le lui promit et le remercia.

Renaud voyant le combat échauffé, se mit au fort de la mêlée, frappant à droite et à gauche, et fit un terrible carnage. Les ennemis lassés se virent contraints de prendre la fuite et d'abandonner leur camp, qui fut mis au pillage. Maugis pendant l'action, vint à la tente de Roland, emporta le dragon qui était dessus et le mit au haut de la tour de Montauban. Après qu'ils furent désarmés, Renaud fit apporter le butin devant lui et le distribua à ses gens. L'empereur qui aperçut de loin le dragon sur la tour du château crut que Roland l'avait pris ; mais il se trompait bien.

Comme Roland et Olivier revenaient de la chasse, Rambeau le Franc vint à leur devant et leur dit : Vous pourrez vendre vos oiseaux bien cher, car ils vous coûtent beaucoup. Les fils d'Aymon nous ont battu, ont pillé le camp, enlevé votre dragon, et l'ont mis sur la tour du château ; Roland entendant cela, pensa mourir de déplaisir, et devint comme immobile. Ah ! dit-il, que dira mon oncle ? Turpin et les autres seigneurs le consolèrent, lui disant qu'à la guerre il se faisait tous les jours des cas pareils. Ils allèrent vers Charlemagne, et après eux venaient cent chevaliers, à pied, qui avaient perdu leurs chevaux dans ce combat. Roland fut deux jours dans la tente de Nesme sans oser paraître. Cependant l'archevêque Turpin alla voir Charlemagne et lui dit : J'ai une mauvaise nouvelle à vous dire. Quoi, dit-il ? c'est que les quatre fils d'Aymon nous ont battus, ont pillé tout ce qui était dans nos tentes, ainsi que le dragon de Roland et ont fait quantité de prisonniers.

L'empereur fut si fâché qu'il jura par Saint-Denis qu'il s'en vengerait. Il manda à tous les princes de venir sous son pavillon ; et leur dit : Seigneurs, vous savez la perte que je viens de faire, je vous conseille de demander au roi Yon qu'il mette vos ennemis entre vos mains, ou autrement, que vous le prendrez à partie, et lui ferez une rude guerre. L'empereur goûta fort cet avis ainsi que tous les seigneurs. Il dépêcha un héraut d'armes, et lui donna des lettres de cachet contenant ses volontés.

Le roi Yon, ne s'attendant point à cela, fut fort surpris de ce messager; ayant ruminé en lui-même, il dit à l'envoyé que dans deux jours il ferait réponse. Sire, dit-il, je l'attendrai. Le roi entra dans sa chambre avec plusieurs princes et leur dit : Seigneurs, j'ai une affaire importante à vous communiquer ; c'est que l'empereur est prêt d'entrer dans mon pays avec cent mille hommes, qu'il ruinera partout où il passera et me détrônera, si je refuse de mettre entre ses mains les quatre fils d'Aymon : que me conseillez-vous ? Godefroi son neveu se leva, et lui dit : Sire, je ne vous conseille point de trahir de si bons amis et serviteurs, cela nous serait un reproche éternel ; et d'ailleurs Renaud étant votre beau-frère, oseriez-vous commettre une telle lâcheté ? Ils ont chassé les Sarrasins qui désolaient tout votre pays : pour récompense oseriez-vous les livrer à leur implacable ennemi, pour les voir périr de la main d'un bourreau ? Il vaut mieux les faire évader, peut-être trouveront-ils quelque asile plus assuré sur les terres d'un autre prince. Les autres seigneurs furent d'avis contraire, et dirent qu'il valait mieux perdre quatre hommes qu'un royaume.

Comme le roi Yon fut conseillé de livrer les quatre fils d'Aymon au roi Charlemagne.

Quand le roi Yon vit que la plupart de son conseil demeurait d'accord qu'il pouvait sans scrupule livrer ces quatre frères, il se mit à pleurer, disant : Ah ! Renaud, que je souffre pour vous ; car vous perdrez la vie, et moi l'honneur et la grâce de Dieu. Il se fit un beau miracle ce jour-là, car la chambre où se tint ce conseil de trahison étant blanche, parut toute noire.

Chacun s'étant retiré, Yon se mit à penser comment il ferait ; et ayant assez réfléchi, il résolut de faire sa trahison : il fit venir pour cet effet son chambellan, et lui fit dresser une lettre pour l'empereur, portant que dans dix jours il lui livrerait les quatre fils d'Aymon, et qu'ils les trouverait aux plaines de Vaucouleurs montés chacun sur une mule, couverts de manteaux, portant des fleurs à la main : et qu'alors s'ils lui échappaient, il ne l'en blâmât pas.

Quand Charlemagne eut reçu cette lettre, il appela la

Fouques de Montmorillon et Oger le Danois, et leur dit : Seigneurs, je veux vous faire part de mon secret, mais il faut que vous me promettiez sur votre foi, que nul ne le saura que nous trois, jusqu'à ce que l'affaire soit faite. Sire, dirent-ils, nous ne voulons rien savoir, si vous ne prenez notre serment.

Vous irez aux plaines de Vaucouleurs avec mille chevaliers armés ; quand vous y serez arrivés, vous trouverez les quatre fils d'Aymon ; je vous commande de les amener morts ou vifs. Sire, dit Oger, comment les connaîtrons-nous ? Vous les connaîtrez, dit le roi, en ce qu'ils seront couverts d'un manteau d'écarlate fourré d'hermine, et portant des fleurs à la main. Sire, dit Oger, une telle commission contre mes proches parens m'est bien pénible, et il ne me convient guère de me trouver là : cela me sera reproché toute ma vie ; mais puisque je suis à votre service et que j'ai prêté serment de fidélité, j'obéirai à vos ordres.

Ils partirent secrétement, et se rendirent au lieu destiné, et se cachèrent dans un bois jusqu'à ce que les quatre fils d'Aymon arrivèrent.

Après que Charlemagne eut reçu le serment de fidélité

de Fouques et d'Oger, il écrivit une lettre au roi Yon, qu
la fit lire à Goudard, son secrétaire, qui voyant comme
Renaud et ses frères devaient être pris, se mit à pleurer.
Yon voyant cela, lui dit d'être fidèle sous peine de
vie. Ensuite il prit cent chevaliers, et partit pour Montauban.

Quand le roi Yon fut arrivé au château, sa sœur courut pour l'embrasser; mais ce frère plein de trahison
tourna la tête, disant qu'il avait mal aux dents, ne lui
voulut guères parler, et se fit apprêter un lit pour se
reposer. Quand il fut couché, il se dit : Ah! mon Dieu,
je fais mourir les plus braves chevaliers du monde, et
mon frère même. Ne suis-je pas un second Judas? cela me
sera reproché éternellement.

Les fils d'Aymon, revenant de la chasse, furent bien
joyeux d'apprendre l'arrivée du roi Yon à Montauban. Ils
furent le trouver au lit et l'embrassèrent. Alors il leur dit :
J'ai été au camp du roi qui m'a blâmé de ce que je vous ai
retirés ici; mais lui ayant dit mes raisons, nous sommes
demeurés d'accord. Enfin il veut la paix pourvu que vous
lui fassiez la soumission que je vais vous proposer. Il demande que vous alliez aux plaines de Vaucouleurs avec
vos épées seulement, montés sur des mules et vêtus de
manteaux écarlate, ayant des fleurs à la main; je ferai
aller avec vous huit de mes comtes. Là vous trouverez les
douze pairs de France avec le roi qui vous pardonnera le
passé, me l'ayant juré.

Sire, dit Renaud, je ne me fie guères à Charlemagne ;
cependant, sur votre parole, je vais engager mes frères
à y consentir. En rentrant, Renaud dit au roi Yon que ses
frères ne voulaient point y aller sans être armés et montés
sur leurs chevaux. Non, dit Yon, Charlemagne vous craint
trop; si vous alliez autrement que je n'ai dit, il croirait
que je l'aurais trahi; mais si vous doutez de ma foi, n'y
allez pas. Enfin on décida qu'ils partiraient le lendemain
après la messe.

Comme les quatre fils d'Aymon partirent, croyant faire la paix avec Charlemagne.

Les quatre frères et les huit comtes étant arrivés près la plaine de Vaucouleurs, n'y virent personne, parce que les gens du roi s'étaient embusqués dans les bois pour les attaquer avec plus davantage. Alard voulant tourner la tête aperçut des gens couchés par terre; il dit à ses frères: Je crois que nous sommes trahis, retournons-nous-en.

Comme ils s'en retournaient, Renaud vit venir des cavaliers qui galopaient après eux, et Fouques de Montmorillon à leur tête. Les huit barons dirent alors à Renaud : Nous nous en allons, car nous ne faisons rien. Ah! parbleu, dit Renaud, vous êtes tous des traîtres, vous en pâtirez les premiers; et de leurs épées ils les exterminèrent. Renaud dit à ses frères de se bien défendre, et cria *Montauban*; Alard, *St.-Nicolas*; Guichard, *Balançon*; et Richard, *Dordonne*. Fouqués avec sa troupe les joignit et leur dit : Vous venez chercher la mort; celui que vous croyez votre meilleur ami, vous a trahis : maintenant sera vengée la mort de Bartelot, que vous tuâtes d'un coup d'échiquier; toute votre résistance ne servira de rien : si vous ne vous rendez vous êtes morts. Fouques, dit Renaud, vous parlez en insensé ; croyez-vous m'amener vif à Charlemagne ? vous devriez agir en vrai chevalier, et tâcher de faire nos accords avec l'empereur : si vous voulez le faire, je vous fais présent de Bayard. Par ma foi, dit Fouques, je ne vous laisserais pas pour mille marc d'or, car nous avons juré à Charlemagne de vous amener morts ou vifs. Puisqu'il en est ainsi, dit Renaud, il faut combattre jusqu'à la mort.

Se voyant enfin en nécessité de combattre, ils se jetèrent parmi leur ennemis comme des lions furieux, et firent tant par leur force et leur adresse, qu'ils mirent trois cents chevaliers en déroute. Fouques, voyant cela, attaqua Renaud, lui perça la cuisse d'un coup de lance ; mais il ne demeura pas long-temps sans être payé de sa peine, car Renaud se sentant blessé, lui fendit la tête en deux, et lui dit : Ah ! méchant homme, tu ne me feras pas pendre ; puis sautant sur son cheval qui était fort bon, prit son bouclier et sa lance, et courut sur ses ennemis, disant : Mes frères, avant que je meure, j'en ferai bien mourir d'autres.

Quoique Renaud fut mal à son aise sur ce cheval qui était trop bas pour lui, il ne laissa pas de renverser trois ducs, quatre comtes et douze chevaliers, dans moins de demi-heure. Renaud ayant fait ces vaillantises, regarda autour de lui, et fut bien étonné de ne point voir ses frères, il eut peur qu'ils fussent pris ; mais il se rassura quand il vit venir Alard monté sur un beau cheval, un bouclier et une lance à la main, qu'il avait gagnés, mais il était fort blessé. Guichard et Richard arrivèrent aussi bien montés ; et s'étant ainsi rassemblés, la bataille recommença : on eut dit que c'était des diables incarnés, et non des hommes.

Les gens de Charlemagne se voyant ainsi maltraités par quatre hommes, dirent que cela surpassait les forces humaines, néanmoins ils se rallièrent et les attaquèrent de tous côtés ; il y eut alors bien des coups donnés. Le cheval de Guichard fut tué, lui blessé et fait prisonnier.

On lui lia les mains et les pieds, on le mit sur un cheval, et on le plia dans un manteau pour l'envoyer à l'empereur. Renaud voyant cela devint furieux et dit à ses frères: Laisserons-nous ainsi emmener notre frère au gibet ? Tous nos beaux faits seront comptés pour rien, si nous laissons périr notre frère; suivez-moi, il n'en peut arriver que la mort.

Aussitôt il poussa vers ses ennemis, se jeta dans la presse l'épée à la main, et s'ouvrit bientôt une belle carrière. Ses frères ne faisaient pas moins leur devoir et ne laissaient perdre aucun coup. Ceux qu'Oger commandait lâchèrent le pied, tellement que ceux qui voulurent résister furent taillés en pièces.

Renaud commanda à Alard de délier son frère et de le faire monter à cheval, et de lui choisir une forte lance s'il pouvait s'en servir. Alard lui dit : Je le veux bien, mais si nous nous séparons, peut-être qu'on nous battra, et si nous sommes ensemble, on n'osera nous attaquer.

Renaud l'approuva; ils allèrent délier Guichard, le firent monter à cheval et lui donnèrent une lance. Les trois frères furent ensemble chercher Richard, qui combattait vaillamment autour d'un rocher contre un grand nombre de soldats. On lui avait tué son cheval sous lui : et il était blessé; toutefois il n'avait pas laissé de tuer une vingtaine de chevaliers, dont il était si las qu'il ne pouvait plus se tenir, et se battait en retraite autour du rocher, lorsque Gérard de Vaucouvent lui dit : Maintenant il faut que tu périsses ou que tu te rendes, et que je venge la mort de mon cousin Fouques. Je ne me rendrai jamais, dit Richard, j'aime mieux mourir en combattant.

Aussitôt Gerard lui porta un coup de lance; mais Richard le para avec la sienne quoiqu'à pied, et empêcha que le coup ne fût mortel. Gerard commença à crier que Richard était mort, qu'il ne restait plus que trois fils d'Aymon, et qu'il fallait les avoir pour les amener à Charlemagne. Ces paroles aigrirent si fort Richard, qu'il se leva tenant son ventre d'une main, et l'épée de l'autre, et en lâcha un si rude coup sur Gerard, qu'il le fendit comme un lard, et se recoucha, car il perdait beaucoup de sang.

Ses frères survinrent, déplorèrent leur désastre en disant : Ah! perfide roi Yon, où est-ce que tu nous a envoyés? Est-ce notre récompense de t'avoir tiré des mains des Sarrasins qui ravageaient ton pays et qui t'eussent vendu esclave? Est-ce là le serment de fidélité par lequel tu as promis de nous assister contre nos ennemis? Ah! perfide, tu es indigne de porter le nom de roi : mais le roi immortel ne laissera pas ces crimes impunis.

Pendant ces lamentations, Oger arriva avec Mongeon

l'Africain, Guimar et un grand nombre d'autres qui crièrent : Renaud, rends-toi ou tu es mort ; tu fus un sot de te fier aux paroles du roi Yon : il vous a trahis afin de garantir son royaume ; et si vous eussiez été bien avisés, vous ne seriez pas venus ici sans armes et sans chevaux. Messieurs, dit Renaud, je connais maintenant que tout homme est fautif, mais aussi que tout homme est menteur. Et je ne m'étonne pas si David, dans ses psaumes, s'écria hautement : *Ne vous fiez pas aux princes de la terre, ni aux enfans des hommes, parce qu'ils vous tromperont.* Ne le voyez-vous pas bien ici, Messieurs?..... Autant peut vous en arriver.

Je ne vous demande aucune grâce, sinon d'écouter la plainte que j'ai à vous faire contre l'empereur Charlemagne, qui seul porte ce beau nom de CAROLUS-MAGNUS, ce vainqueur de l'univers, qui a tant subjugué de nations et gagné tant de batailles, lui qui porte un monde pour devise, paraît-il aujourd'hui si faible que de se servir de traîtres, et d'employer une armée pour vaincre quatre hommes désarmés.

Après cela il s'adressa à Oger, et le blâma fort de ce qu'il faisait la guerre à son propre sang. Cousin, dit Oger, je voudrais bien vous aider, mais je ne puis. Néanmoins il fit reculer ses gens, et par ce moyen les deux frères blessés eurent le temps de s'accommoder. Quand les Français virent qu'Oger demeurait tant, ils murmurèrent, disant qu'il ne fallait pas faire de si longs discours, qu'il fallait voir s'ils voulaient se rendre. Oger dit qu'ils étaient résolus de se défendre jusqu'à la mort. Parbleu, dirent les Français, il fallait bien tant demeurer pour avoir une telle réponse. Allons, il faut qu'ils se rendent ou qu'ils meurent. Messieurs, dit Oger, ce sont mes parens ; je n'aurai donc pas d'honneur de les voir mourir par les mains d'un bourreau ; laissons-les en paix, et je vous donnerai telle somme que vous voudrez.

Ils le refusèrent tous, et dirent que Charlemagne le saurait. Par ma foi, dit Oger, si je savais qu'un de vous en eût envie, je lui couperais la tête. Oger, dit le comte Guimar, vos menaces ne serviront de rien, nous avons juré fidélité à l'empereur, et nous la lui tiendrons.

Oger se retira aussitôt, et ils investirent la roche. Renaud voyant cela, s'écria : Ah! Maugis, où es-tu? Si tu savais le danger où je suis, tu risquerais tout pour me secourir! J'eus grand tort de partir sans te rien dire, car tu m'eusses détourné de ce fatal voyage!

Comme Goudard, secrétaire du roi Yon, déclara à Maugis la trahison, lui montra les lettres de Charlemagne, les réponses de Yon, et du secours que Maugis leur donna.

Quand Goudard, secrétaire du roi Yon, vit que les quatre frères allaient ainsi chercher leur mort, il se mit à déplorer leur sort, et blâmer la lâcheté de son maître, contre de si généreux chevaliers. Dieu permit que Maugis entrât dans la chambre : il lui demanda le sujet de sa tristesse. Ah! Maugis, dit Goudard, si j'étais sûr de votre discrétion je vous confierais un grand secret. Ami, dit Maugis, vous le pouvez en toute assurance. Aussitôt Goudard lui découvrit la trahison, et lui montra les lettres du complot.

Maugis en vint hors de lui-même, tira son épée pour se tuer; mais Goudard l'empêcha, lui disant : Vaillant chevalier, armez-vous plutôt, montez sur Bayard et amenez toute la troupe qui est ici, excepté la garde, peut-être vous y serez assez tôt. Il suivit cet avis, et se rendit en peu de temps aux plaines de Vaucouleurs avec six mille sept cents hommes.

Renaud qui se reposait sur la pointe du rocher, aperçut Maugis monté sur Bayard, et beaucoup de gens avec lui, il en fut bien joyeux, et dit à ses frères de se réjouir, car Dieu leur envoyait du secours. Est-il possible, dirent-ils? Oui, dit Renaud, je vois Maugis monté sur Bayard qui mène une forte troupe. Aussitôt Alard et Guichard dirent qu'ils étaient guéris, et qu'il fallait descendre pour recommencer le combat, tandis que Maugis approcherait.

Renaud, Alard et Guichard descendirent, et laissèrent Richard sur la roche, étant trop blessé. Quand les Français les virent venir, ils crurent qu'ils allaient se rendre à eux, ce qui fit qu'Oger dit tout bas à Renaud : Vous êtes des fous de venir vous rendre, vous serez pendus aujourd'hui. Oger, dit Renaud, ce n'est pas notre intention; mais sauvez-vous. Oger tournant la tête, vit Maugis sur Bayard, et beaucoup de gens avec lui; il fut bien aise, tel semblant qu'il fit, et dit à ses gens : Quel diable a révélé notre secret. Retirons-nous, voici Maugis avec des forces supérieures aux nôtres.

Comme il finissait de parler, Maugis arriva qui lui dit : Morbleu, je suis bien surpris qu'un homme de probité comme vous se trouve dans une action si lâche que de trahir votre propre sang ; il courut sur lui, et le blessa à la poitrine. Oger voulut se revancher, mais il ne put, parce que Bayard connaissant Renaud, courut vers lui pour le servir. Maugis descendit et Renaud monta dessus.

Aussitôt que Renaud fut sur Bayard, il poussa contre Oger et le mit à terre ; il lui dit que c'était pour récompense de sa trahison, et que ce qu'il lui en avait fait n'était que par manière d'acquit, qu'il ne lui en savait point de gré, et que s'il eût eu bonne amitié pour lui, il l'eût averti avant l'action, et ne se serait pas porté sur le lieu. Puis il courut contre Guimard qu'il renversa mort par terre, mit l'épée à la main, frappant d'estoc et de taille ; il renversa, aidé de ses frères et de Maugis, tout ce qui se présenta.

Les Français laissèrent quantité de morts sur la place, et Oger se sauva à la nage. Renaud le voyant au-delà de l'eau lui cria de lui vendre du poisson qu'il avait pris, ou s'il voulait joûter contre lui, qu'il passerait la rivière. Voyant qu'il ne disait mot, il lui dit : Oger, tu es traître à l'empereur, car tu laisses Fouques et Guimard derrière toi, avec plus de quatre cents chevaliers.

Les Français voyant la gausserie de Renaud, blâmèrent Oger, qui se dit alors : Faut-il que pour avoir fait du bien j'en reçoive du mal !

Alard et Guichard blâmèrent Renaud des injures qu'il avait dites à Oger, disant que sans lui ils auraient été pris.

Oger s'en revint fort blessé au camp du roi : et de trois mille hommes qu'il avait emmené il n'en revint que trois cents. Charlemagne lui demanda si les fils d'Aymon étaient pris ; Oger répondit en soupirant qu'ils ne se prenaient pas comme des moineaux ; il lui raconta tout ce qui s'était passé, dont il fut bien surpris. Roland et Olivier dirent que s'ils y étaient allés, ils ne se seraient pas sauvés, mais que comme Oger était leur cousin, il leur avait fait grâce. Si je ne croyais choquer sa majesté, dit Oger, je dirais que vous en avez menti, et il se mit fort en colère contre eux.

Le roi Yon est pris en habit de moine par Roland.

Après que Renaud, ses frères et Maugis eurent vaincu les Français, ils retournèrent vers la roche pour chercher Richard qu'ils trouvèrent couché par terre, tenant ses boyaux dans ses mains, et en eurent grande pitié. Maugis après avoir visité la plaie, dit qu'il n'en vaudrait pas de moins ; il se fit apporter du vin, et en lava la plaie et les boyaux, puis les remit dans le ventre, et ayant cousu la peau, il frotta la plaie d'onguent nommé *Manus Dei*. Alard le pria de le panser, et les autres deux en firent autant. Après qu'il les eut tous bien pansés, ils montèrent à cheval et prirent la route de Montauban.

Comme ils s'en retournaient, un espion du roi Yon vint l'avertir du retour des quatre frères et Maugis avec eux ; que les Français avaient été vaincus, qu'ils emmenaient quantité de prisonniers, et que pour son profit il lui conseillait de se sauver. Quand Yon ouït cela il lui demanda si c'était certain ; il lui dit : Que trop pour vous ; et vous les verrez bientôt, si vous restez encore ici. Ah ! méchant que je suis, fallait-il ainsi me laisser aller à la trahison ; je vois que je suis perdu, et que je mérite la mort.

Aussitôt il délogea à grande hâte et s'en fut dans un couvent ; il se vêtit en moine, croyant par ce moyen garantir sa vie ; car, disait-il, si Renaud me trouve en cet état, il aura pitié de moi. Il y avait un espion nommé Pignaut, qui ne perdait rien de tout ce qui se passait, lequel avait six pieds de hauteur, et marchait aussi vîte qu'un cheval, il s'en alla vers le bois de la Serpente, sachant que Renaud y devait passer, et l'ayant rencontré il lui dit comme Yon s'était métamorphosé.

Ensuite Pignaut s'en alla trouver Roland au camp de Charlemagne, et lui rapporta tout ce qui se passait tant du côté de Renaud que de celui de Yon. Roland en fut bien aise, et le remercia, puis il fut dire à Charlemagne que le diable s'était fait moine, mais qu'il verrait s'il savait bien chanter matines, et lui récita toute l'histoire : Charlemagne se mit à rire, quoiqu'il n'en eût pas le sujet, de voir la manière d'agir de ce roi, qui appréhendait plus Renaud qu'une armée rangée en bataille. Roland fort aise de ces nouvelles, dit à Olivier : Mon ami, montons promptement à cheval, et amenons avec nous Guidelon et Richard de Normandie ; Oger viendra aussi avec nous et nous verrons la valeur des fils d'Aymon, ils ont avec eux cinq mille hommes, et je n'en veux amener que quatre mille.

J'irai avec vous, dit Oger, pour voir si vous les prendrez, et quand vous les aurez pris, je vous fournirai d'une corde pour les pendre. Quand ils furent prêts, l'espion les conduisit au gué de Balançon, où ils trouvèrent l'abbé et les moines qui disaient l'office. L'abbé ayant salué Roland, lui dit : Sire, que désirez-vous de nous ? Roland lui dit : Je cherche le roi Yon, le plus insigne traître qui soit au monde, et je veux le faire pendre comme un larron. Ne ferez, dit l'abbé, car il a prit notre habit et nous l'assisterons de tout notre pouvoir. Roland prit l'abbé par le froc, et Olivier le prieur, qu'ils jetèrent contre la muraille et les firent tout briser, puis Roland dit à l'abbé : Rendez-moi ce méchant homme, qui est aussi traître que Judas ; je veux le payer de sa peine. Les moines s'enfuirent. Roland trouva Yon à genoux ; il le prit et lui dit : Où sont les fils d'Aymon que vous deviez mettre entre les mains de Charlemagne ? Présentement je veux vous payer ; il le fit mettre sur un méchant cheval, la face tournée vers la queue. Le roi Yon se voyant perdu, envoya un de ses affidés vers Renaud lui demander du secours.

Comme les quatre fils d'Aymon retournèrent à Montauban, du secours qu'ils donnèrent à Yon, du combat de Renaud contre Roland.

RENAUD et ses frères étant guéris de leurs plaies s'en retournèrent à Montauban. Dame Clarice vint au-devant d'eux avec ses enfans Aymonnet et Yonnet. Quand la dame vit son seigneur, elle fut fort joyeuse, et les deux enfans coururent aux pieds de leur père et de leurs oncles pour les embrasser ; mais Renaud leur donna du pied, et les fit retirer. La dame voulut le baiser ; mais Renaud ne voulut pas, et lui dit d'aller trouver son traître de frère : il n'a pas tenu à lui de nous faire mourir, si Dieu et Maugis ne nous eussent secourus. Sire, dit la dame, j'ai fait tout mon possible pour vous empêcher d'y aller, c'est pourquoi je vous prie d'y avoir égard, et de me redonner votre amitié : en disant cela elle tomba pâmée, et Richard la releva, en disant : Madame, ne vous affligez pas, vous êtes notre sœur et ne nous quitterez pas. Ils représentèrent à Renaud que sa femme était innocente, et que s'ils eussent suivi son conseil, ils ne seraient pas allés à Vaucouleurs. Renaud dit : Je lui pardonne pour l'amour de vous. D'abord la joie recommença dans le palais, et ils se mirent à table.

Etant à table, un messager du roi Yon arriva, et dit à Renaud : Sire, le roi Yon vous prie de le secourir, ou autrement il est mort, car Roland et Olivier le mènent pendre à Montfaulcon ; il vous supplie de n'avoir pas égard à la lâcheté commise contre vous et vos frères, d'autant qu'il a été forcé par les menaces de Charlemagne, et excité par son mauvais conseil. Vous savez que N. S. J.-C. pardonna jusqu'à ceux qui l'avaient crucifié, c'est pourquoi je vous prie de ne pas refuser votre frère qui avoue son crime, et vous en demande très-humblement pardon. Je n'y irai pas, dit Alard : Maudit soit Roland, s'il ne le fait pendre comme un traître. Renaud ne dit rien, pensant à ce qu'il devait faire ; puis regardant ses frères, il leur dit : Mes frères, on connaît l'ami dans le besoin. Puisque j'ai promis au roi Yon de lui aider dans toutes ses affaires, c'est mon devoir de lui tenir ma parole, quoiqu'il ne le mérite pas. J'aime mieux passer pour un homme honnête que pour un fourbe.

Renaud ayant fait plusieurs remontrances à ses frères tant sur le bon traitement qu'ils avaient reçu de Yon lorsqu'ils ne savaient où aller, que sur l'alliance qu'il avait faite avec lui en épousant sa sœur, de laquelle il avait deux fils, l'un desquels portait son nom, résolut de le secourir; mais Alard et Guichard dirent qu'ils n'y iraient pas, et alors Renaud dit qu'il partirait tout seul.

D'abord Renaud monta sur la plus haute tour du château, sonna trois fois de son cor de chasse, qui était le signal de s'armer. Ses frères voyant cela furent les premiers armés, ce qui obligea tous les chevaliers à se mettre en campagne. Les habitants du pays vinrent supplier Renaud d'assister leur prince en cet extrême besoin, afin qu'ils n'eussent pas le déshonneur que le roi des Gascons fut pendu, ce qui leur serait un reproche éternel. Parbleu, dit-il en riant, vous dites vrai.

Il fit la revue de son armée, qui se trouva de six mille cavaliers et deux mille fantassins. Ils marchèrent promptement jusqu'à ce qu'ils virent le camp de Roland. Renaud rangea d'abord ses gens en bataille, ce que voyant Oger, il dit par ironie à Roland : Sire, voici les fils d'Aymon que vous voulez tant voir; vous les amènerez à Charlemagne, et vous aurez Bayard pour récompense. Oger, dit Roland, vous gaussez; mais nous verrons à qui l'honneur restera.

Les deux armées étant rangées, les deux généraux se mirent à la tête et se saluèrent. Lors Renaud descendit de cheval, se présenta devant Roland et le pria de ne point se battre, mais de faire sa paix avec Charlemagne; voilà qui est fait, dit Roland ; pourvu que vous me donniez Maugis pour le mettre entre les mains de l'empereur.

Je n'achèterai jamais la paix à ce prix, dit Renaud, ni ne commettrai une pareille lâcheté. Aussitôt il monta à cheval et coururent l'un contre l'autre et de telle sorte que leurs lances se cassèrent : on vit sortir du feu de leurs boucliers. Les deux armées s'avancèrent, et le combat fut si rude et si opiniâtre qu'il resta plusieurs vaillans champions sur la place.

L'avant-garde des impériaux étant en défaite, Roland fit son possible pour la rallier, mais ses efforts furent inutiles ; la terreur était si grande que chacun cherchait son salut dans la fuite. Roland revint sur Renaud et lui porta un si rude coup de lance dans la poitrine, qu'il lui faussa sa cuirasse quoique d'acier ; mais Renaud ne bougea point de la selle ; au contraire il le heurta si fort que le cheval culbutta ; et que s'il n'eut été prompt à l'éperon, il aurait été renversé.

Cependant Olivier se battait contre Alard et faisait de terribles coups ; Richard contre Guidelon, Guichard contre Richard de Normandie, et Maugis menait le corps de bataille contre Oger. Les meilleurs chevaliers combattaient ce jour-là, et il semblait que Lucifer eût suscité cette guerre.

Les deux armées étant ainsi échauffées, et Roland voyant quantité des siens tués, dit à Renaud : Faisons cesser le combat général, et combattons nous deux en particulier ; celui qui sera abattu se déclarera vaincu. Bien, dit Renaud. Ils prirent chacun une forte lance de fer, coururent l'un contre l'autre en présence des deux armées, et se frappèrent si fort que Roland et son cheval furent renversées. Renaud passa outre en criant : *Vive Montauban.*

Comme Renaud et Roland continuèrent à se battre et de la mélée qui en vint ensuite.

Roland se voyant à bas pensa mourir de dépit. Il mit l'épée à la main contre son cheval Malengris pour lui couper la tête, lui disant : Maudite rosse, fallait-il tomber pour un seul coup de Gascon ? l'envie me prend de te tuer. Ce n'est pas sa faute, dit Renaud : car si vous l'eussiez fait manger, il ne serait pas tombé en défaillance. Mais Bayard qui a mangé est plus fort que le vôtre.

En disant cela par moquerie, il lui donna un si rude coup d'épée sur son bouclier, qu'il lui en coupa une partie, puis il dit : Roland, mon épée coupe-t-elle bien ? Alors Roland de la sienne lui rendit la pareille, lui fendit le sien en deux, et lui dit : Voilà ce que vous m'aviez prêté. Vinrent alors Oger et Olivier qui firent monter Roland à cheval, et la bataille recommença plus fort qu'auparavant.

D'abord que Roland fut monté à cheval, il dit à Renaud : L'on ne peut pas bien juger qui est le meilleur chevalier de nous deux ; mais achevons notre combat

afin que l'honneur en demeure au vainqueur. Vous parlez bien, dit Renaud, mais si nous combattons, nos gens ne le souffriront pas, c'est pourquoi il faut passer la rivière, et nous irons vider notre querelle dans le bois de la Serpente. Voilà qui est fait, dit Roland. Mais comme ils s'en allaient, Olivier arrêta Roland malgré lui, et laissa aller Renaud seul.

Il trouva le roi Yon sur la route, conduit par cent chevaliers qui le menaient prisonnier. Il loua Dieu de cette rencontre, et cria hautement : Laissez le roi Yon, il se jeta sur eux, et en ayant tué quelques-uns, les autres prirent la fuite. Il délia Yon et lui reprocha fort aigrement ce qu'il lui avait fait et à ses frères, dont peu s'en fallut qu'il ne lui tranchât la tête ; mais il lui fit pitié, car s'étant mis à genoux devant lui, il pleura à chaudes larmes et lui demanda pardon, imputant la faute au duc d'Anjou et au comte Antoine, qui l'avaient porté à commettre cette trahison, et lui raconta comme tout s'était passé.

Comme Roland et ses gens furent défaits, et comme Richard fut fait prisonnier.

Après que Renaud fut parti, Oger et Olivier se battirent contre Alard, Guichard, Richard, Maugis et leurs gens, dont la bataille fut fort sanglante de part et d'autre ; ceux de Roland furent vaincus.

Quand Roland fut revenu, Oger lui dit : Qui vous a ainsi gâté votre bouclier ? Votre cheval a la cuisse fracassée. Avez-vous pris les fils d'Aymon ? Roland voyant qu'Oger se moquait de lui, mit l'épée à la main ; mais Olivier et Idelon les séparèrent. Alors vint Richard qui attaqua Roland pour joûter, mais il le mit à bas. Il se leva promptement, mit l'épée à la main et se défendit courageusement. Quand Roland vit cela, il cria de l'arrêter. Sire, dit Richard, je me rendrai à vous, non à d'autres, car vous le méritez. Ils lui ôtèrent son épée, puis le firent monter sur une mule, et l'emmenèrent.

Son écuyer voyant cela, courut le dire à Renaud qui en fut si fâché, qu'il en pensa mourir, et demanda à l'écuyer s'il était bien loin, il lui répondit qu'oui : cela l'affligea davantage. Alard et Guichard arrivèrent et demandèrent à Renaud le sujet de sa tristesse. Il leur dit : Comment avez-vous laissé prendre Richard, malheureux que vous êtes ? Ah ! dirent-ils, vous en êtes la cause ; car si vous ne fussiez pas venu ici, cela ne serait pas arrivé. Ils voulurent se venger sur Yon ; Renaud les empêcha et le fit conduire à Montauban.

Comme les trois frères parlaient ensemble, Maugis arriva qui leur demanda le sujet de leur tristesse. Ah ! mon cousin, dirent-ils, Roland amène Richard à Charlemagne, jamais plus nous le verrons. Cousins, dit Maugis, laissez-moi faire, je m'en vais voir ce qui se passe. Il fut se désarmer, et s'étant mis tout nu, il mangea d'une herbe qui le fit venir enflé comme un crapaud, puis en prit d'une autre dont il se frotta, qui le fit paraître noir comme un maure, et tourna ses yeux de telle sorte qu'il semblait un moribond, s'habilla d'une façon si étrange, qu'il était impossible de le connaître. Il courut promptement au pavillon de Charlemagne, et y fut arrivé avant Richard ; il demeura là sans parler. Lorsqu'il marchait il faisait le boiteux et s'appuyait sur son bourdon. Quand Charlemagne sortit de son pavillon, il lui dit : Sire, je prie le roi de gloire de vous garder de mort, et de toute trahison.

Charlemagne le rebuta fort, en disant : Ote-toi d'ici, maraud, je ne veux plus me fier à personne, depuis que le fripon de Maugis m'a trompé. Sire, si Maugis est un fripon, tous les autres ne le sont pas. et un misérable comme moi est incapable de faire du mal : je viens de Jérusalem vénérer le saint Sépulcre, et passant hier par Balançon, des voleurs tuèrent tous mes compagnons et me mirent en cet état. Je demandai à des paysans qui étaient ces gens-là : ils me dirent que c'étaient les fils d'Aymon et Maugis, qui ne laissaient passer personne sans les maltraiter et les voler ; c'est pourquoi, Sire, je vous demande justice.

Charlemagne lui dit : Dis-tu la vérité ? Assurément, Sire. Il lui demanda son nom et sa patrie ; il répondit qu'il s'appelait Guiden, qu'il était Breton, et lui demandait justice. Comment, dit le roi, veux-tu avoir raison de ces gens-là, puisque je ne puis l'avoir pour moi ? Sire, dit notre pèlerin, Dieu me fasse justice, puisque vous ne le pouvez.

Les seigneurs qui étaient là, dirent : Sire, ce pèlerin a la mine d'un honnête homme, faites-lui la charité. Le roi lui fit donner trois pistoles. Puis il demanda à manger, et on lui donna. Dans ce temps arriva Roland, qui amenait Richard prisonnier. Un page fut en avertir l'empereur qui sortant de sa tente, vit Roland avec son prisonnier ; il le félicita et lui dit qu'il le distinguait bien des autres, et si Oger l'eût servit fidèlement, les quatre fils d'Aymon ne seraient pas impunis. Mais puisque vous n'avez pu prendre que celui-là, il le faut faire pendre. Et où serai-je pendu, dit Richard ? A Montfaulcon, dit Charlemagne. Prenez garde à vous, dit Richard. Charlemagne lui donna un coup de lance sur la tête ; Richard pour s'en venger lui sauta au cou et l'eût étranglé sans le secours.

Les seigneurs dirent qu'il ne convenait pas de maltraiter un prisonnier. Charlemagne dit qu'il fallait qu'il fût pendu. Maugis qui n'osait rien dire fit signe à Richard de ne point s'étonner, et partit pour Montauban, où Renaud et les autres l'attendaient, et lui demandèrent d'abord où était Richard ; il dit qu'il était en prison, et qu'on devait le pendre à Montfaulcon, c'est pourquoi il faut s'équiper et y aller. Renaud consolé par ces paroles, s'arma promptement avec ses gens et coururent vers Montfaulcon. Lorsqu'ils en furent près, Renaud leur dit qu'il fallait sauver Richard à tel prix que ce fût. Tous lui promirent de combattre jusqu'à la mort, et ils s'embusquèrent dans un bois bien touffu, sur le chemin où l'on devait passer.

Charlemagne voulant faire une prompte exécution, envoya chercher Béranger, Idelon, Oger et beaucoup d'autres, et leur représenta que comme Richard était criminel de lèse-majesté et chevalier de ses ordres, il fallait qu'un autre chevalier le pendit; ainsi, Messieurs, celui d'entre vous qui voudra faire cette expédition, je l'exempterai du droit annuel, lui et les siens. Tous lui répondirent qu'il serait dommage de faire mourir ce jeune homme, et qu'ils ne le feraient pas pour un empire. Quand Charlemagne vit que ses chevaliers le refusaient, il s'adressa au duc Nesme, et lui dit : Que ferai-je dans cette affaire? Sire, je vous donnerai un bon conseil si vous me voulez croire : vous savez que les quatre fils d'Aymon et Maugis sont les meilleurs chevaliers du monde; qu'il y a seize ans que cette guerre dure; que plusieurs braves chevaliers y sont morts : vous manderez à Renaud, ses frères et Maugis, que s'ils veulent vous servir fidèlement vous délivrerez Richard. — Je n'en ferai rien, il faut qu'il soit pendu. Sire, dit Nesme, il est d'un grand lignage; vous ne trouverez personne qui le veuille pendre.

Comme Charlemagne envoya pendre Richard, comme Renaud le secourut, et pendit Ripus à sa place.

QUAND Charlemagne se vit refusé de tous ses principaux amis il s'adressa à Ripus, et lui dit : Si vous voulez m'obliger, il faut que vous pendiez Richard, et je vous ferai mon chambellan. Sire, je ferai ce qu'il vous plaira, car Renaud tua mon oncle au gué de Balançon. Cela est vrai, dit Oger, et vous seriez un poltron si vous ne le vengiez pas. Ripus dit : Sire, pourvu que ce soit du consentement des douze pairs de France, j'accepte vos offres. Tous lui promirent, et d'abord il alla s'armer, monta à cheval, et vint à la tente du roi, qui lui dit : Prenez mille cavaliers avec vous, et si Renaud et Maugis y viennent, pendez-les avec lui. Sire, je vous obéirai. On monta Richard sur

un mulet, ayant la corde au cou comme un larron ; et on le fit passer devant la tente du roi, qui dit : Vengez-moi de ce coquin. Sire, dit Ripus, plût à Dieu que je tinsse ainsi les autres.

Etant arrivé à Montfaulcon, Ripus montra à Richard la potence, disant : Voilà votre logis ; maintenant sera vengée la mort de Fouques, mon oncle, que Renaud tua au gué de Balançon. Richard ne voyant pas ses frères, fut bien étonné ; il s'avisa d'entretenir Ripus de belles paroles, lui disant : Ripus, ayez pitié de moi, sauvez-moi la vie : si vous me faites cette grâce je vous donne cent marcs d'or. Je n'en ferai rien, dit Ripus ; je ne le ferais pas pour une province. Richard lui dit : Si vous n'avez pitié de mon corps, ayez pitié de mon ame ; je vous prie de me faire venir un confesseur, j'en ai grand besoin. Je le veux, dit Ripus.

Le confesseur étant venu, Richard dit beaucoup plus de péchés qu'il n'en avait commis, pour prolonger sa vie. Quand il vit que le secours ne venait point, il commença à s'étonner et dit au confesseur qu'il n'avait plus rien à dire, de lui donner l'absolution. Quand Ripus vit qu'il était confessé, il lui fit monter l'échelle, et commença à l'attacher. Richard lui dit : Ami, je te prie de me laisser dire une oraison fort courte. Ripus le lui ayant accordé, lui dit :

O mon Dieu ! que de rien créâtes le ciel et la terre, formâtes l'homme à votre image et ressemblance, et lui donnâtes la domination sur tous les animaux ; vous, grand Dieu ! qui sauvâtes Noé et sa famille du déluge, Daniel de la fausse aux lions, et Jonas du ventre de la baleine ; qu'il plaise à votre majesté de me pardonner mes péchés, et accepter ma mort pour leur satisfaction ; car je vous proteste que s'il me restait quelque peu de vie, je l'emploierais mieux pour votre service. Puis il dit : Ah ! mes frères où êtes-vous ! Et se voyant sans secours, il dit à Ripus de faire son devoir.

Comme Renaud, ses frères et Maugis délivrèrent Richard, et vinrent remercier les princes devant Charlemagne.

Comme Ripus était prêt de jeter Richard au vent, il entendit un grand bruit de chevaux, et voulant regarder derrière lui, il vit que c'était Renaud et ses frères ; il voulut s'enfuir, mais Renaud ayant fendu la presse comme un éclair, l'arrêta, et aidé de ses frères et de Maugis, enlevèrent Richard, malgré la résistance des troupes de Ripus, et commanda à Richard de le pendre à la place ; ce qui fut dit fut fait.

Après cette expédition, ils dirent qu'il fallait aller remercier les douze pairs de France. Charlemagne voyant venir cette troupe crut que c'était Ripus qui venait de l'expédition ; mais c'était le contraire. Il demanda s'il avait bien fait son devoir : Oui, répondit Richard, qui avait les armes et le cheval de Ripus. Puis il dit au roi : Sire, vous croyez que c'est Ripus qui a pendu Richard, c'est le contraire ; c'est Richard qui a pendu Ripus à sa place. Le roi entendant cela se jeta sur lui, et cria aux princes de courir dessus : mais Richard fut secouru par ses frères et Maugis ; ce qui fit un terrible carnage.

Charlemagne prit son cheval, courut aussitôt contre Renaud, et ils se choquèrent si fort que leurs lances volèrent en pièces et tombèrent par terre : ils prirent leurs épées, et le roi dit : Vraiment, si je suis vaincu par un chevalier, je ne mérite pas d'être roi. Renaud connaissant que c'était l'empereur, se recula et lui demanda un peu de temps pour lui parler. Le roi lui accorda sa demande et lui dit : Je ne sais pas qui vous êtes, mais vous joûtez bien. Sire, je suis Renaud qui vous demande bien pardon, et vous prie de l'accorder à mes frères. Vous nous avez chassés il y a quinze ans de votre empire et de notre maison, ce qui a causé la mort à plusieurs bons chevaliers. Vous connaissez les désavantages de la guerre : aujourd'hui on gagne et demain on perd ; c'est pourquoi, Sire, je vous prie de la finir en notre endroit ; ce n'est pas la crainte de la mort qui me fait dire cela, mais le zèle et l'affection que j'ai de vous servir. Vous parlez en vain, dit Charlemagne, je vous promets que vous n'aurez jamais de paix que vous ne m'ayez mis Maugis entre mes mains, pour en faire ma volonté.

Renaud, voyant qu'il parlait inutilement, lui dit : Sire, ne prendriez-vous pas de l'or pour notre rachat ? Non, dit-il, vous serez pendus, ou je ne pourrai pas. Alors tirant son épée, il en frappa Renaud sur son casque; le coup glissa sur son bouclier, dont il lui en coupa une partie. Renaud prit alors le roi à travers le corps, et le mit devant lui sur Bayard pour l'emmener prisonnier. Alors Charlemagne se mit à crier : *Mont-Joie, Saint-Denis* ; Roland, Olivier, où êtes-vous ? Si vous me laissez amener, cela vous sera reproché.

D'abord Roland, Olivier et les autres seigneurs furent au secours du roi, et de l'autre côté vinrent les frères de Renaud, et Maugis avec quatre cents chevaliers : et il y eut un combat fort sanglant. Roland courut sur Renaud et le frappa si fort sur son casque, qu'il l'étourdit. Renaud ayant le roi devant lui, ne pouvait se défendre ; il le laissa tomber, et combattit généreusement. Ses frères étant venus à son secours, ils mirent l'armée de Charlemagne en déroute.

Comme après la défaite de Charlemagne on lui abattit son pavillon, on lui coupa son aigle d'or qui était dessus.

Renaud voyant que l'armée du roi était en déroute excita ses gens à aller piller le camp, ce qu'ils firent : d'abord qu'ils y furent arrivés, chacun mit la main à l'œuvre, et Maugis s'attacha au pavillon royal, coupa les cordages, et enleva l'aigle d'or qui était dessus, d'une valeur inestimable, et cria : *Montauban*. Les gens du roi furent tant épouvantés, qu'ils ne savaient plus que faire; car les fils d'Aymon en renversaient autant qu'il s'en présentait.

Quand Maugis eut mis l'aigle d'or en mains sûres, il retourna chercher Charlemagne, et l'ayant rencontré, il lui dit : C'est à présent que la mort de mon père sera vengée, et lui porta un coup de lance dans la poitrine, qui le blessa légèrement, et sans la bonté de sa cuirasse, il était mort. Il cria au secours : Roland et Olivier vinrent à lui. Alors Maugis regardant derrière, ne vit plus ses cousins, ce qui l'étonna fort; et voyant que ses affaires n'iraient pas bien, il délogea promptement, et galoppa après eux.

Après qu'il eut passé Balançon, il vit un détachement de cavalerie qui venait à lui, il les attendit, et se battit courageusement contre eux. Dans ce temps arriva Olivier qui lui porta un coup de lance dans la poitrine qui le blessa et le mit à bas : il se releva et se défendit de son épée en brave.

La nuit était déjà si sombre qu'ils ne se connaissaient pas. Olivier lui dit : Chevalier, je ne sais qui tu es, mais si tu veux te rendre je te fais quartier. Qui êtes-vous, dit Maugis ? Je suis Olivier. Vraiment je me rendrais à vous si je croyais avoir grâce de l'empereur. Assurez-vous, dit Olivier, que je ferai mon possible pour vous accorder ensemble. Alors Maugis lui donna son épée, et Olivier le fit monter à cheval, et le mena au camp.

Quand Olivier vit la tente du roi à bas, il fut bien surpris, et craignit que Maugis ne lui échappât par son art magique, c'est pourquoi il lui dit : Vous savez que vous êtes mon prisonnier, il faut que vous me juriez que vous ne sortirez pas d'ici sans mon congé. Je le veux : il jura tout ce qu'Olivier voulut; celui-ci le fit désarmer, panser sa plaie, et le fit mettre au lit.

Pendant ces choses les quatre fils d'Aymon emmenaient leur butin à Montauban. Alard ne voyant point Maugis, le demanda à ses frères, qui dirent qu'il était sans doute devant.

Charlemagne assembla son conseil, et dit : Messieurs maintenant que je suis vieux, je croyais être en repos, cependant c'est le contraire, et je vois bien que je ne mérite pas d'être roi, puisque je me suis laissé enlever ma couronne et mon aigle; c'est pourquoi, Messieurs, je vous conseille de faire Renaud votre roi; car il vaudra mieux que moi.

Le duc Nesme portant la parole pour tous, lui dit : Sire, je sais bien que nous avons failli en supportant par trop vos ennemis, mais nous le faisions pour vous porter à la paix; vous savez que les guerres civiles ruinent les états les plus florissans, et que cette guerre a fait mourir quantité de braves chevaliers, qui ne le seraient pas si vous aviez suivi mon conseil : mais vous ne voulûtes jamais la paix, et vous avez toujours perdu. Certes, dit-il, je ne ferai jamais la paix que Renaud ou Maugis ne soit pendu.

Olivier arriva dans le moment et lui demanda le sujet de son courroux. Nesme lui raconta ce qui se passait. Alors Olivier dit : Sire, consolez-vous, Maugis est mon prisonnier. Faites-le moi venir, dit le roi; car je ne le croirai que lorsque je l'aurai vu.

D'abord Olivier et Roland allèrent quérir Maugis, et l'amenèrent au roi qui lui fit mille reproches surtout de ce qu'il lui avait emporté son aigle d'or de dessus sa tente. Sire, dit Maugis, nous avons demandé la paix sans pouvoir l'obtenir; ainsi j'ai fait comme à la guerre. Pour te récompenser, dit Charlemagne, il faut que tu sois pendu. Vous pouvez faire de moi ce qui vous plaira, dit Maugis, mais mes cousins ne laisseront pas ma mort impunie.

Quand les quatre fils d'Aymon furent arrivés à Montauban, ils furent reçus de la princesse et des habitans avec de grands témoignages de joie. Renaud demanda si Maugis était venu; on lui dit que non. Il en fut bien en peine et songea comment il devait faire. Au sortir de table, voyant qu'il ne revenait point, il partit pour l'aller chercher, et étant au gué de Balançon, il trouva les laquais du roi qui abreuvaient leurs chevaux, lesquels lui demandèrent à qui il était? Renaud répondit qu'il était un des gens de Ripus, qui s'était sauvé du combat quand les fils d'Aymon l'avaient pendu à Montfaulcon, et il leur demanda des nouvelles du roi. Certes, dirent-ils, il a perdu tout son chagrin depuis qu'on a fait Maugis prisonnier. Comment, dit-il, qui l'a pris? Olivier.

Après qu'ils eurent assez parlé, les laquais s'en allèrent laissant Renaud dans une grande inquiétude. Il ruminait en lui-même ce qu'il devait faire ; son esprit était combattu de mille passions : tantôt il voulait aller au camp du roi chercher son cousin Maugis, au hasard de sa vie : après il disait que ce serait une témérité qu'un homme seul attaquât toute une armée. Enfin il résolut d'attendre au lendemain.

Comme Maugis, condamné à mort, se sauva, emporta la couronne, l'épée et le trésor du roi, prit les épées des pairs de France, et les emporta à Montauban.

CHARLEMAGNE voyant Maugis en son pouvoir, fit assembler son grand conseil et leur dit : Seigneurs, vous savez les pièces que Maugis m'a faites ; vous savez que c'est un voleur achevé, un magicien et un enchanteur ; c'est pourquoi il faut le pendre dès ce soir, afin qu'il ne nous échappe.

Le duc Nesme comme chef du conseil, dit : Sire, je ne vous conseille pas de faire mourir Maugis la nuit; parce que les fils d'Aymon diront que vous n'avez pas osé le faire de jour, de peur qu'ils ne l'enlevassent; ce qui vous ferait tort et à l'état. Il faut le faire mourir de jour : et l'escorter si bien, qu'en cas que ces cousins viennent pour l'enlever, ils soient pendus avec lui. Nesme, dit le roi, vous vous moquez de moi, si ce voleur venait à se sauver on se gauserait de nous. Sire, dit Maugis, si vous avez peur que je m'en aille, je vous donnerai caution. Quelle caution me donneras-tu? Alors il dit à Olivier : Vous savez bien que quand je me rendis, vous me promîtes de m'aider envers le roi; je vous prie d'être ma caution pour cette nuit, et je prie les pairs de France d'en faire de même, afin de pouvoir mettre ordre à mes affaires. Ils lui dirent de jurer qu'il ne s'en irait pas sans leur congé, et qu'ils s'engageraient pour lui. Il jura sa foi qu'il ne s'en irait pas sans leur dire adieu. Ils prirent cela en bonne part, et se rendirent caution pour lui. Charlemagne leur dit de bien prendre garde à ce sorcier, qu'ils ne se laissassent point tromper.

Maugis voyant que son affaire allait bien, dit aux pairs de France : Messieurs, puisque vous m'avez fait une grâce, faites-moi celle de me faire donner à manger, car ma foi je meurs de faim. Le roi dit : Méchant homme, pourras-tu bien manger? Assurément, dit-il, pourvu que j'aie de quoi. Le roi commanda qu'on se mît à table, et fit mettre Maugis à côté de lui, de peur de le perdre. Pendant le souper, Maugis mangeait plus que deux, et le roi ne pouvait rien manger. Olivier qui s'en aperçut se mit à rire et heurta du coude Roland, et lui dit tout bas : Le roi n'ose pas manger de peur que Maugis ne l'enchante. Il est vrai, dit Roland.

Après souper, le roi commanda à son sénéchal de garder des flambeaux allumés toute la nuit : il commanda aussi à Olivier, à Roland et aux douze pairs de France de passer la nuit avec lui, afin que ce maudit larron ne leur échappât, et qu'on mît des gardes partout. Après cela il fit mettre Maugis vis-à-vis de lui, qui lui dit : Sire, où dois-je reposer? Comment, veux-tu dormir? Oui, Sire, s'il vous plaît. Ma foi tu reposeras mal, dit le roi. Aussitôt il lui fit mettre les fers aux pieds et aux mains, puis il le fit attacher au travers du corps à une longue chaîne qui tenait au pilier de son lit, lui fit mettre un collier de fer au cou, dont il prit la clef, et dit après à Maugis : Je ne crois pas que tu puisses à présent m'échapper. Non certes, lui dit-il, car je suis trop bien attaché et gardé.

Quand Maugis vit qu'il était temps, il commença à faire

son charme, et les endormit profondément. Dès qu'ils furent endormis, il en fit un autre qui fit tomber tous les fers dont il était attaché ; il mit un coussin sous la tête du roi, prit joyeusement son épée, et la mit à son côté : après cela il vint à Roland, lui prit la sienne, celle d'Olivier et celle des ducs et pairs. Puis il vint aux coffres où étaient la couronne et le trésor du roi et prit tout, puis avec une certaine herbe il frotta le dessus du nez du roi, lui fit une moustache à l'espagnole, et s'en alla sans qu'il pût lui rien dire, quoiqu'il l'eût éveillé et lui eût dit adieu.

Quand le charme fut fini, Charlemagne se voyant dupé, pensa enrager de dépit ; il appela les douze pairs, mais il ne put les éveiller sitôt. Ils s'éveillèrent en se regardant les uns les autres, et riaient de le voir ainsi transfiguré. Il y eut bien du changement quand ils ne virent plus Maugis. Le roi s'écria fortement contre eux, disant qu'il fallait qu'ils le trouvassent, puisqu'ils en avaient répondu, et que s'ils l'eussent laissé pendre, ils ne seraient pas en cette peine. Roland demanda à Oger s'il l'avait fait sauver ? Non certes, dit-il. Charlemagne dit qu'il l'avait vu partir, mais qu'il n'avait pu rien dire, parce que ce sorcier l'avait charmé.

Roland se voyant sans épée, commença à se gratter l'oreille, et à regarder çà et là, pour voir si elle n'y était point, et voyant que les autres n'en avaient pas, il dit : Par ma foi, Messieurs, nous sommes tous vêtus du même drap. Charlemagne voyant ses coffres ouverts, s'écria hautement : Ah ! larron de Maugis, je n'ai point gagné à ta prise ; et ne voyant point sa couronne, il tomba pâmé.

On courut après, mais il était trop tard : Maugis était dans Montauban. Quand ses cousins le virent, ils lui firent un grand accueil, et lui témoignèrent une joie parfaite. Il lui montra sa capture, et après l'avoir examinée, ils dirent qu'ils avaient de quoi faire la guerre dix ans. Maugis fut d'avis qu'on plaçât l'aigle sur la plus haute tour de Montauban, afin que tout le monde pût la voir ; ce qui fût d'abord exécuté.

L'empereur voyant que ses affaires allaient mal, fit de nouveau assembler son conseil, et dit : Messieurs, je vois que depuis que nous sommes ici, nous avons toujours perdu ; je ne sais comment faire pour me venger de ces coquins ; vous y êtes autant autorisés que moi : comment ferons-nous pour en venir à bout ? Ils dirent qu'ils ne savaient que faire, mais qu'ils suivraient en tout et très-scrupuleusement ses ordres. Alors il dit : Il faut envoyer Oger avec le duc Nesme, l'archevêque Turpin et Estou, qui sont parens des fils d'Aymon, pour dire à Renaud et à Maugis, que s'ils me veulent rendre ma couronne, mon aigle et nos épées, je leur donne trève pour dix ans. Aussitôt ils montèrent à cheval, et allèrent à Montauban. Lorsqu'ils furent au premier corps-de-garde, on leur demanda qui ils étaient, et ce qu'ils demandaient. Ils répondirent qu'ils voudraient parler à Renaud de la part de l'empereur. Messieurs, on va l'avertir. Renaud sachant cela, dit : Mes frères, voici les députés du roi, faisons paraître qui nous sommes. D'abord ils vinrent à la porte du palais, et les reçurent avec politesse.

Après les premiers complimens, on fit servir une très-belle collation : ces seigneurs furent ravis de voir tant de magnificence. Ensuite Oger prononça ce discours : Mes chers cousins, vous savez que nous vous avons toujours aimés, et qu'il n'a pas tenu à nous que vous ne fussiez en paix avec l'empereur ; mais nous sommes venus ici pour vous proposer une trève, qui sera un acheminement à la paix. Renaud dit qu'il en était content. Aussitôt Oger dit : Maugis nous a trompés ; nous nous étions rendus caution pour lui sauver la vie, et cependant il est parti, et a emporté la couronne du roi et beaucoup d'or, avec toutes nos épées ; je vous prie, mon cousin, de nous les rendre avec la couronne et l'aigle, vous aurez trève pour dix ans ; cependant nous tâcherons de faire la paix.

Maugis les embrassa amicalement, et leur dit : Messieurs, vous voyez qu'il est déjà tard, vous demeurerez pour ce soir, et demain nous vous rendrons réponse. Volontiers, dirent-ils. Alors Maugis ordonna le souper et tout ce qu'il fallait. Après souper, Oger dit à Renaud : Mon cousin, je vous conseille de venir avec nous : Maugis et vos frères demeureront ici pour garder le château. Je le veux bien, mais peut-être le roi me fera quelque outrage. Venez avec assurance, dit Nesme, nous répondons de vous. Le lendemain ils montèrent à cheval ; Renaud et Alard les suivirent, n'ayant avec eux que deux de leurs chevaliers. Ils passèrent la rivière à Balançon ; et quand ils furent passés, Oger dit : Messieurs, vous savez que le roi veut un mal mortel à tous nos cousins, je crois qu'il serait bon que vous restassiez ici, tandis que nous irons savoir la volonté du roi. C'est bien pensé, dit Nesme. Amis, dit Renaud, je me fie à vous, que tout soit dans la sincérité. — Vous pouvez vous y fier, dirent-ils.

Nesme et Oger allèrent au camp et Renaud demeura avec l'archevêque Turpin et Estou. Pinacle, l'espion de Charlemagne, était sur le gué de Balançon qui entendit tout, et qui le rapporta promptement au roi, disant : Sire, j'ai laissé Renaud et Alard au gué de Balançon avec Turpin et Estou; Oger et Nesme viennent ici pour savoir s'ils seront en assurance. Est-ce bien vrai, dit le roi? Oui, Sire. Il commanda en même temps à Olivier de prendre deux cents hommes et d'aller à Balançon pour prendre Renaud et Alard et que s'il les prenait, il serait bien récompensé.

Olivier étant arrivé sur le bord de Balançon, surprit Renaud à pied, et ne lui donna pas le temps de monter sur Bayard. Il se tourna vers l'archevêque Turpin et Estou, et leur dit : Vous m'avez trahi, je ne l'eusse jamais cru. Cousin, dirent-ils, nous en sommes innocens, et nous vous défendrons au péril de notre vie. Puis Roland vint, qui cria à Renaud : vous êtes pris. Aussitôt Oger arriva, qui dit à Roland : ne le touchez point, car Nesme et moi l'avons amené sur notre foi et notre serment pour prendre otage de la trêve que nous lui avons donnée de la part du roi.

Olivier dit à Roland : Renaud me fit un jour une courtoisie, je serais un ingrat si je ne lui rendais la pareille. Si vous me voulez croire, nous le mènerons vers le roi et nous tâcherons de faire sa paix. Messieurs, dit Nesme, je trouve ceci fort à propos, et si nous faisions le contraire, nous passerions pour des traîtres. Roland et Olivier amenèrent Renaud à Charlemagne, mais l'archevêque Turpin, Oger, Nesme et Estou ne le quittèrent point, et lorsque Olivier le présenta au roi, Oger dit : Sire, vous savez bien que vous nous avez envoyés à Montauban pour faire une trêve avec les quatre fils d'Aymon et Maugis, nous y avons été reçus avec toute la civilité possible, on nous a accordé toutes nos demandes, et nous avons amené Renaud sous sauf-conduit, répondant tous quatre de sa personne; cependant vous l'avez fait arrêter très-mal à propos, car voici votre couronne et nos épées ; pour l'aigle d'or vous l'aurez quand il vous plaira.

Oger, dit Charlemagne, vous parlez tous en vain : il n'échappera pas comme l'autre ; car il faut qu'il périsse. Il n'en sera rien, dit Oger, je serai sincère jusqu'à la mort.

Sire, dit Renaud, que voulez-vous que je fasse? vous m'avez appelé traître, et je ne l'ai jamais été ; et s'il y a quelqu'un qui me le veuille soutenir, je lui donne le duel. Hé bien, dit Roland, je l'accepte.

Comme Renaud combattit contre Roland, et comme Maugis porta Charlemagne à Montauban.

D'ABORD que Roland vit le jour, il se leva et s'en alla à la messe, puis se fit armer et monta à cheval. Charlemagne lui dit : Mon neveu, je prie Dieu qu'il vous préserve de mort; vous savez que Renaud a droit, et nous avons tort : vous ne deviez pas accepter ce défi; mais puisque la chose est si avant, il faut la soutenir en honneur.

Roland trouva Renaud qui l'attendait, auquel il dit : Renaud, aujourd'hui vous aurez affaire à moi; et vous à moi, dit Renaud, et j'espère abattre votre orgueil. Ils coururent l'un contre l'autre si furieusement, que leurs lances volèrent en pièces, et Roland tomba de cheval. Alors Renaud lui dit : Ami, combattons à pied de peur de tuer nos chevaux, car nous n'en trouverions pas de si bons. Vous dites vrai, dit Roland. Ils combattirent ensemble pendant long-temps, comme deux lions, sans pouvoir se vaincre.

Quand ils virent qu'ils ne pouvaient s'abattre ils reculèrent pour se reposer, étant fort las. Le roi voyant que l'un ne pouvait vaincre l'autre, et qu'ils étaient fort affaiblis, eut peur pour son neveu. Il leva les yeux au ciel, pria Dieu de délivrer Roland du péril, et de faire cesser le combat.

Les frères et les amis de Roland avaient pour lui la même appréhension et faisaient des vœux au ciel qui n'étaient pas moins ardens que ceux du roi. Le seigneur exauça leurs prières, car les combattans se trouvèrent enveloppés de ténèbres si épaisses que ni l'un ni l'autre ne se voyait. Roland dit à Renaud : Où êtes-vous ? Je ne vois rien. Et moi aussi, dit Roland. Renaud, faites-moi un plaisir, et une autre fois j'en ferai autant pour vous. Renaud lui répondit : Je le veux pourvu que mon honneur n'y soit pas intéressé. Roland le remercia, et lui dit : Ce que je veux vous demander, c'est de m'amener avec vous à Montauban. Je le veux, dit Renaud, et je vous assure que vous y serez reçu honorablement, tant de ma part que de celle de mes frères et de mon épouse ; Roland le remercia de sa courtoisie ; l'assura de faire son possible auprès du roi pour le porter à faire une paix générale.

Après que Roland eut dit ces paroles, il recouvra la vue. Il prit son cheval, monta dessus, et Renaud sur Bayard. Le roi voyant cela fut fort ébahi, et se mit à crier : Messieurs, regardez, je ne comprends pas cela, Renaud emmène Roland, et vous le laissez faire. Quand les barons ouïrent ainsi parler le roi, ils coururent après Renaud.

Charlemagne les suivit jusqu'aux portes de Montauban et cria hautement : Renaud, il vous souviendra de ce que vous avez fait ; car tant que je vivrai vous n'aurez jamais de paix avec moi ; il s'en retourna au camp. Il commanda aussitôt d'aller mettre le siége devant Montauban ; on mit pavillons et tentes à bas, pour les amener devant cette place.

Lorsque tout fut arrivé, le roi fit tendre son pavillon devant la grande porte, et quand tout fut prêt, la sentinelle qui était sur la tour s'en vint à Maugis, et lui dit : Sire, l'empereur est arrivé avec son armée et a mis son pavillon devant la grande porte. N'ayez point de peur, dit Maugis; car il décampera plus vite qu'il ne pense.

Maugis avertit Renaud de tout ce qui se passait, et du camp du roi devant Montauban. Sur le soir il dit à Maugis: Cousin, je vous prie de faire bonne garde, car nous en avons besoin. Etant couchés, Maugis s'en alla à l'écurie, prit Bayard et monta dessus; il sortit de Montauban, et alla au pavillon du roi, qu'il charma, et tous ceux de sa garde, puis il fut au lit du roi, le prit entre ses bras, le mit sur Bayard, l'emporta dans Montauban, et le mit dans son lit. Il alluma un flambeau au milieu de la chambre, s'en alla trouver Renaud, et lui dit : Cousin, que donneriez-vous à un homme qui vous mettrait le roi entre les mains? par ma foi je donnerais tout ce que j'ai au monde. Eh bien ! promettez-moi de ne lui faire aucun mal, je vous le ferai voir ici. Renaud le lui promit. Maugis le mena dans sa chambre, lui montra le roi qui dormait, et lui dit : Prenez garde qu'il ne vous échappe. Maugis laissa Renaud dans la chambre, fut prendre une grande écharpe et un bourdon, et sortit de Montauban.

Comme Maugis s'en alla dans un ermitage pour faire pénitence de ses péchés.

QUANT Maugis eut rendu Charlemagne prisonnier à son cousin Renaud, il s'en alla de Montauban sans qu'aucun du château ne le sût que le portier. Il chemina tant qu'il vint à Dordonne, passa la rivière; il entra dans un bois fort épais, où, après avoir marché long-temps, il vit dans une hauteur un ermitage fort ancien; il y alla, et vit devant la porte une belle fontaine. Alors Maugis entra dans la chapelle, et pria Dieu de lui pardonner ses péchés, faisant vœu de faire sa demeure en ce lieu le reste de ses jours; qu'il ne mangerait que des racines et des herbes sauvages. Il pria Dieu de donner la paix à Renaud et à ses

frères, en faisant pénitence des maux qu'il avait commis, pour venger la mort de son père, que le traître Ganelon et ses complices avaient fait périr.

Comme Charlemage, enragé de dépit de ce que Maugis l'avait enchanté, affama Montauban par un long siege.

Renaud dit à ses frères : Dites-moi ce que nous devons faire de la personne du roi que nous avons entre nos mains ? ils dirent qu'il fallait en avertir Roland ; ils furent à sa chambre, le prièrent de se lever et d'envoyer chercher Oger, l'archevêque Turpin et tous les autres seigneurs, ayant des choses de conséquence à leur communiquer.

Roland envoya quérir ses compagnons, et lorsqu'ils furent arrivés, Renaud leur dit : Messieurs, j'ai ici le roi prisonnier ; il faut que vous ayez la bonté de lui parler pour moi, afin qu'il me donne la paix.

Roland dit à Renaud : Comment avez-vous pu prendre le roi, car on fait garde nuit et jour autour de son pavillon ? Je ne sais, dit Renaud, comment Maugis a fait, il l'a porté ici, et l'a couché dans son lit. Roland et les autres allèrent à la chambre où le roi était tellement endormi qu'on ne put l'éveiller.

Quand les barons virent le roi si endormi, ils furent bien surpris. Roland dit à Renaud : Où est Maugis qui l'a si bien endormi, je vous prie de le faire venir afin de l'éveiller, et lorsqu'il sera éveillé, nous irons nous jeter à ses pieds pour lui crier merci. Renaud fut chercher Maugis, mais il ne put le trouver. Le portier sachant que Renaud le cherchait, lui dit : Sire, vous ne le trouverez pas, car il est sorti cette nuit très-mal vêtu, et depuis que je lui ai ouvert la porte, je ne l'ai plus vu. Renaud s'imagina que Maugis s'en était allé pour ne plus voir le courroux du roi. Il commença à se lamenter, et fut le dire aux barons. Hélas, que ferons-nous désormais, dit Richard; nous avons perdu tout ce que nous pouvions perdre, il n'y a que six mois que sans lui je serais mort sur un infâme gibet. Il grinça les dents de dépit, et mit la main à l'épée pour tuer le roi, mais Renaud l'en empêcha. Oger et Nesme dirent : Richard, cela serait une lâcheté de tuer un homme qui dort, et s'il plaît à Dieu, nous mettrons tout en paix. Je ne sais comment nous pourrons lui parler sans Maugis; nous ne saurions l'éveiller si Dieu n'y met la main. En parlant ensemble l'enchantement finit.

Quand le roi fut éveillé, il se leva, et commença à regarder autour de lui; il fut fort étonné de se voir à Montauban; il connut bien que c'était un tour de Maugis, et jura qu'il ne ferait jamais de paix qu'on ne le lui remît pour en faire sa volonté. Alors Renaud et les pairs de France se mirent à genoux devant lui pour lui demander la paix. Mais ce fut en vain, il persista toujours à dire qu'il voulait la mort de Maugis avant de faire la paix. Renaud voyant cela se mit en colère et lui dit que s'il n'avait pas plus de considération pour lui qu'il n'en avait pour les pairs, il l'enverrait bientôt dans l'autre monde.

Se voyant ainsi rebuté de son prisonnier, il usa encore d'une largesse incompréhensible, en lui offrant la liberté et Bayard qu'il estimait plus que chose au monde, pour le rendre en son camp. Ses frères voyant cela pensèrent enrager de dépit, disant qu'il pouvait faire alors sa paix avantageuse, au lieu que quand il serait en liberté, il se moquerait d'eux. Renaud leur dit qu'ils auraient la paix quand Dieu voudrait.

Charlemagne étant arrivé en son camp sur Bayard, ses gens crurent que la paix était faite ; mais ils furent bien surpris quand ils virent qu'il envoyait Bayard, et qu'on faisait de nouveaux préparatifs pour continuer la guerre, et assaillir la place. Les seigneurs étaient tous confus, et comme on ne disait rien, le roi dit qu'il fallait donner l'assaut général. D'abord on s'approcha de la place ; on dressa plusieurs escalades qui n'aboutirent qu'à leurs pertes, car les assiégés les renversèrent dans les fossés.

Comme Charlemagne après un long siége, prit Montauban par famine, croyant y trouver mort les fils d'Aymon.

CHARLEMAGNE voyant qu'il ne pouvait rien plus faire, s'avisa d'avoir Montauban par famine. A cette fin il fit fermer toutes les avenues pour empêcher que rien n'y entrât.

Le duc Aymon ayant appris le désastre de ses fils, se rendit au camp du roi, pour tâcher de leur être de quelque secours. Les gens de Renaud étant tous morts, et leurs chevaux ayant été mangés, excepté Bayard, Renaud monta dessus et s'en vint trouver Aymon son père au camp impérial. L'ayant trouvé dans sa tente, il lui raconta tout ce qui se passait dans Montauban, ce qui obligea ce vieillard à verser des larmes, et à lui donner des vivres tant que Bayard en put porter, ensuite il commanda à son maître-d'hôtel de remplir de pain et de viandes les machines que le roi avait fait construire pour démolir les murs et jeter des pierres dans la place. Ce qui fut exécuté fort adroitement.

Plusieurs chevaliers blâmaient Aymon de ce qu'il faisait contre ses fils ; car ils croyaient que c'étaient des pierres qu'il leur faisait jeter. Charlemagne ayant été averti de cette ruse, dit qu'il le paierait avant qu'il fût nuit. Aymon lui dit : Sire, si mes fils avaient tort, je ne ferais pas ce que je fais ; mais voyant que c'est vous, je dois les protéger aux dépens de ma vie. Vous faites une guerre injuste et mes fils n'ont été que trop soumis. Et puisque vous en agissez ainsi, je vais me retirer avec mes troupes, et sachez que je trouverai cent mille hommes, pour que mes fils soutiennent encore la guerre contre vous. Charlemagne fut outré de colère, et dit qu'il s'en vengerait.

Comme Renaud et les siens sortirent de Montauban, étant affamés par la longueur du siége ; et comme ils vinrent à Dordonne, où Charlemagne vint les assiéger.

Lorsque Renaud fit construire son château, il fit faire un chemin couvert qui allait à une lieue de là. Il résolut de quitter la place et d'emmener sa famille. Il monta sur Bayard avec ses trois frères ; ils vinrent dans le bois de la Serpente, auprès de l'ermitage du père Bernard. Ils allèrent voir cet ermite, qui leur donna à manger, et y demeurèrent jusqu'à la nuit.

Sur le soir l'ermite leur procura deux chevaux ; la dame monta sur un, et ses deux enfans sur l'autre ; ils partirent pour Dordonne et marchèrent toute la nuit. Lorsqu'ils y furent arrivés, tout le peuple vint les saluer et leur fit grand accueil.

Charlemagne voyant que personne ne paraissait, crut qu'ils étaient morts de faim, c'est pourquoi il fit monter à l'escalade ; on ne vit personne. Ils visitèrent la place, ou-

vrirent les portes, et Charlemagne entra. Voyant qu'il n'y avait personne, il dit que c'était un tour de Maugis. Sire, dit un chevalier, voici un souterrain qui paraît être fait depuis long-temps. Charlemagne ordonna qu'on y entrât, pour savoir où il allait. Roland fit allumer des flambeaux entra dedans avec un grand nombre de Français et alla sortir au bois de la Serpente. Ils vinrent vers Charlemagne à qui ils racontèrent tout, dont il eut un grand dépit et fit décamper son armée pour aller camper devant Dordonne, château de leur père, où ils s'étaient réfugiés avec lui et ses troupes.

L'armée du roi étant arrivée à Dordonne, il la fit camper devant. Les fils d'Aymon les attendaient avec bonne disposition, leur père ayant avec lui plus de dix mille combattans. Renaud monta sur les murs du château pour voir la disposition de l'armée impériale; après l'avoir examinée, il vint trouver ses frères et leur dit : Il faut que nous fassions une sortie par la fausse porte, et que chacun de nous fasse aujourd'hui son dernier effort, car c'est le coup de la partie. Ils sortirent donc environ douze mille hommes comme des enragés, et coururent sur l'armée du roi de telle sorte qu'ils la mirent toute en déroute;

ses meilleurs chevaliers y furent tués ou fait prisonniers, et même le roi fort blessé ; car Renaud avait recommandé de ne le point épargner. Entre les prisonniers il y avait beaucoup de noblesse et particulièrement Richard de Normandie, dont le roi pensa enrager de dépit ; il vit bien alors qu'il fallait faire la paix par force.

Sire, dit Roland, vous savez bien qu'il y a long-temps que cette guerre dure contre ces quatre chevaliers, qui sont les plus braves du monde ; je suis certain que si depuis ce temps-là vous eussiez fait la guerre aux Sarrasins, vous seriez maître de tout leur pays ; ainsi je vous prie de faire la paix. D'ailleurs vous savez qu'ils tiennent Richard prisonnier, et s'ils venaient à le faire mourir, ne vous serait-ce pas un reproche éternel ? Charlemagne ne voulut rien écouter.

Comme Maugis étant en chemin pour aller voir Renaud, tua des brigands qui avaient volé deux marchands qui, par son moyen, recouvrèrent leurs biens.

MAUGIS étant dans son ermitage, songea une nuit en dormant qu'il était à Montauban, et qu'il voyait Renaud et ses frères qui venaient à son devant, et se plaignaient à lui de ce que Charlemagne voulait prendre Bayard, mais Renaud l'en avait empêché.

Maugis eut tant de regret de ce songe, qu'il résolut d'aller chercher ses cousins : pour cet effet il prit son bourdon et sa cape, et se mit en chemin. Passant dans un grand bois, il rencontra deux pauvres marchands que des brigands avaient volés et qui se lamentaient fort. Il leur demanda le sujet de leurs pleurs ; ils lui dirent que des voleurs leur avaient pris ce qu'ils avaient, et tué un de leurs compagnons. Maugis en eut pitié, et leur dit de le suivre, qu'il leur ferait rendre leur bien. Quand les marchands entendirent ainsi parler Maugis, ils lui dirent : Ils sont sept, et nous ne sommes que trois, comment les vaincre ? si vous nous voulez croire, demeurez comme vous êtes.

Comme il s'en allait, il rencontra les voleurs et leur dit : Amis, bien vous soit : pourquoi avez-vous pris le bien de ces marchands ? cela est mal fait ; c'est pourquoi je vous prie de le leur rendre, ou nous aurons du bruit. Les voleurs se mirent en colère contre lui et le voulurent frapper, mais il se mit en défense, et de son bourdon il tua le principal de tous. Les autres voyant leur maître à bas, coururent sur Maugis; mais il se défendit si bien de son bourdon, qu'en peu de temps il en tua cinq; et les autres se sauvèrent.

Les marchands survinrent, et voyant les corps morts, dirent que Maugis était un bon pèlerin, et ils lui demandèrent excuse de ce qu'ils l'avaient méprisé. Il leur dit de prendre leurs marchandises et de prier Dieu pour lui.

Puis il demanda si Charlemagne avait pris Montauban et les fils d'Aymon? Ils répondirent que Montauban était pris, mais que les fils d'Aymon s'étaient retirés dans Dordonne, et que Charlemagne les y avait assiégés. Il prit son chemin de ce côté-là, et il s'approcha de la place comme il put, il y entra, puis vint au palais, où il trouva Renaud avec ses gens qui étaient à table.

Maugis s'appuya contre un pilier de la table, et regardait dîner ses amis. Le sénéchal voyant ce pèlerin, ordonna qu'on lui donnât à manger. Quand il vit qu'on lui servait des mets exquis, il les pria de lui donner du pain et de l'eau dans une écuelle de bois, étant son aliment ordinaire; il mit son pain dans cette eau, et le mangea de bonne grâce.

Après le repas chacun se rendit à son poste pour se défendre. Alors Renaud s'approcha de Maugis, et lui demanda qui il était. Maugis se déclara à lui; ils s'embrassèrent amicalement et se racontèrent leurs aventures. Renaud le pria de changer d'habit, il lui dit qu'il avait fait vœu de ne pas en changer, qu'il était venu seulement pour le voir, puis s'en irait à Jérusalem, et retournerait finir sa vie dans son ermitage.

Comme les douze pairs de France prièrent Charlemagne de faire la paix avec Renaud, pour avoir Richard de Normandie, craignant qu'on le fît mourir.

CHARLEMAGNE était bien fâché de ce qu'il ne pouvait vaincre les quatre fils d'Aymon, mais aussi de ce qu'il ne pouvait avoir Richard de Normandie, un de ses meilleurs chevaliers. Il fit assembler tous les pairs et leur dit : Messieurs, je vois bien que mes affaires vont mal, puisque Renaud ne m'a pas rendu Richard de Normandie. Sire, dit Roland, je ne sais comment vous osez dire cela ; jamais vous ne verrez Richard, si vous ne faites grâces aux fils d'Aymon. Car plusieurs fois ils se sont soumis à votre volonté, et jamais vous n'avez voulu la paix ; ne vous étonnez pas si Renaud se dépite ; car si vous considériez la courtoisie qu'il vous fit étant son prisonnier, et la grande humilité qu'il vous fait tous les jours, vous en useriez autrement, mais voyant qu'il ne peut trouver de grâce auprès de vous, il fait cesser sa courtoisie et vous garde le meilleur de vos chevaliers. Le roi connut bien qu'il disait vrai, et se mit à soupirer. Alors l'archevêque

Turpin, Nesme et Oger s'avancèrent, et lui dirent : Sire, Roland vous dit la vérité; Renaud a bien sujet d'être fâché contre vous. Quand Charlemagne ouït ainsi parler ses barons, il leur dit : Messieurs, je vous prie d'aller à Dordonne, et dites à Renaud de ma part, de me rendre le duc Richard et Maugis, et que je lui rendrai tout son pays, que je prendrai ses deux enfans et les garderai tant que je vivrai.

Sire, dit Nesme, ce ne serait que du temps perdu, parce que je sais que Maugis n'y est pas il y a plus de trois ans, et l'on ne sait où il est. Nesme, dit Charlemagne, allez toujours et vous verrez ce qu'il vous dira.

Ils prirent des rameaux entre leurs mains, partirent pour Dordonne, où étant arrivés ils furent au château. On les fit entrer, et le duc Nesme, après avoir salué Renaud, lui dit : Sire, Charlemagne vous mande que vous lui rendiez le duc Richard et Maugis, et vous aurez la paix. Il vous rendra toutes vos terres, prendra vos deux enfans avec lui, et les fera chevaliers de sa main.

Seigneurs, dit Renaud, comme vous êtes les chevaliers du monde que j'aime le plus, je vous remercie de tant de peine que vous prenez. Je ne sais pas comment le roi ose me demander Maugis; je sais qu'il est cause que je l'ai perdu. Plût à Dieu que j'eusse ici Charlemagne aussi bien que le duc Richard, car s'il ne me donnait la paix, je vous promets qu'il laisserait sa tête pour les outrages qu'il m'a faits : je l'aurais cru plus humain qu'il n'est, et si je n'avais compté l'adoucir, il y a long-temps que je serais vengé. Je vous prie de lui dire que quand j'aurais Maugis, je ne le remettrais point; et pour lui faire voir que je ne le crains pas, je ferai pendre demain Richard sur cette porte. Les seigneurs le voyant si irrité, n'osèrent plus parler et se retirèrent. Quand ils furent au camp, le roi leur demanda quelle réponse ils apportaient? Sire, dit le duc Nesme, Renaud vous mande qu'il n'a point Maugis et que vous êtes cause qu'il l'a quitté, et pour s'en venger il fera pendre demain Richard, et il en fera autant de tous ceux qu'il prendra; et que s'il vous tenait, vous feriez la paix, où vous y laisseriez la tête.

Alors Roland dit : Sire, ne vous déplaise si je vous dis la vérité : vous vous repentirez de n'avoir pas accepté dans le temps les offres de Renaud. Vous voudrez faire la paix, vous ne le pourrez pas; croyez que s'il fait pendre Richard, ça sera un déshonneur éternel à votre majesté. Charlemagne lui dit : Vous croyez m'épouvanter par vos paroles, je ne suis pas un enfant, et ne crois pas tout cela ; car si Renaud était si hardi de faire mal à Richard, je le ferais pendre et toute sa race. Nesme lui dit : Sire, je suis fort surpris de ce que vous me menaciez avec Renaud, et puisque vous ne voulez pas suivre notre conseil, nous allons nous retirer, et vous ferez la guerre vous-même.

Ce même jour Renaud fit planter un gibet sur la porte de la ville, que tout le monde pouvait voir. Roland dit à Charlemagne : Sire, venez voir la récompense qu'on va donner à Richard pour vous avoir si bien servi, et ce qui nous doit servir d'un bel exemple. Taisez-vous, dit le roi, il fait cela pour avoir la paix ; mais il n'en sera rien.

Comme Richard de Normandie écrivit au roi, pour le prier d'avoir pitié de lui ; et comme les pairs de France abandonnèrent le roi.

RICHARD de Normandie ayant comploté avec Renaud pour intimider le roi, lui écrivit d'avoir pitié de lui, et de le secourir, car autrement il était mort, et suppliait en même temps tous les pairs de France de parler pour lui. Le roi ayant lu cette lettre s'en moqua, et persista dans son opinion. Roland et les autres voyant l'opiniâtreté du roi, emmenèrent leurs troupes, et il ne resta que le comte Ganelon et sa famille. Le messager raconta à Renaud ce qui se passait, et regardant Richard, il lui dit : Cousin, je suis bien aise que vous connaissiez aujourd'hui Charlemagne.

Comme le roi fit appeler les pairs de France, leur promettant de faire ce qu'ils voudraient.

CHARLEMAGNE voyant que les pairs de France l'avaient quitté par son opiniâtreté, fit courir après pour les ramener, leur promettant de faire ce qu'ils voudraient. Le courrier galopa jusqu'à ce qu'il les eut joint, et s'acquitta de sa commission. Les seigneurs retournèrent à Charlemagne, qui leur dit : Messieurs, vous me forcez à faire une paix hon....... pour finir cette guerre, il faut que Renaud me laisse Bayard, et qu'il s'en aille à Jérusalem vêtu en pèlerin, et je rendrai à ses frères et à ses fils tout ce qui est à eux.

Nesme fut député pour cette affaire, lequel s'en acquitta très-bien, et Renaud lui accorda tout. Il donna Bayard et vint au camp, où il fut bien reçu de Charlemagne. En même temps on fit des feux de joie partout, et Renaud fut fêté de tous ses amis. Ensuite il vêtit une robe violette, prit un bourdon, et fut dire adieu à sa femme et à ses fils; ses frères l'accompagnèrent assez loin.

Comme Richard présenta au roi les trois frères de Renaud, comme Bayard fut jeté dans la rivière, et comme Maugis et Renaud firent la guerre aux Perses.

Renaud étant parti, ses frères vinrent avec Richard de Normandie se jeter aux pieds du roi qui fut fort aise de cela; et toute l'armée en montra une joie extrême. Il dit aux trois frères : Mes amis, puisque Dieu veut que nous ayons la paix, j'en suis content, et s'il fait la grâce à Renaud de revenir, je l'aimerai autant que mon neveu Roland.

Puis il s'en vint sur le bord de la Meuse, où il fit attacher une grosse pierre au cou du cheval Bayard, et le fit jeter dans l'eau ; mais Bayard frappa tant des pieds qu'il cassa la pierre et se sauva dans les Ardennes.

Renaud étant arrivé à Constantinople, fut loger chez une femme où était précisément Maugis bien malade. Ils se reconnurent, et Renaud lui conta comme il avait fait sa paix avec le roi, et tout ce qui s'était passé depuis son départ. La joie qu'en ressentit Maugis, fit qu'il se trouva guéri. La dame chez qui ils étaient logés voyant leur joie, et ayant entendu une partie de leur entretien, jugea que ces pèlerins étaient de conséquence, c'est pourquoi elle eut pour eux toutes sortes d'attentions.

Le lendemain ils partirent et firent tant qu'ils se rendirent en peu de temps près de Jérusalem, où ils trouvèrent des chrétiens qui en faisaient le siége. Ils rencontrèrent un soldat qui leur raconta comme les Perses s'étaient rendus maîtres de la sainte cité par surprise, et que les chrétiens la reprendraient s'ils avaient quelque bon chef. Renaud se mit à rire et dit : Ami, nous allons voir ce que c'est. Aussitôt ils se mirent parmi les chrétiens et leur demandèrent des armes pour leur aider. Dans ce moment l'amiral de Perse fit une sortie avec trois mille hommes, le comte de Rames, Galerand de Sergette, Godefroy de Nazareth, et nos pèlerins les reçurent si vigoureusement que les Perses furent contraints de se retirer avec perte.

Le comte Rames ayant appris l'arrivée de Renaud vint se jeter à ses pieds, et le prier de prendre le commandement, afin de délivrer le roi Thomas de captivité. Renaud voyant que le comte Rames et tout le camp le priaient d'être leur général, il accepta. Après avoir été proclamé, Renaud reçut de l'armée le serment de fidélité.

Ensuite on lui amena de beaux chevaux, il en choisit un, puis il prit des armes et Maugis aussi. Ils furent après traités à table avec magnificence, et tout le camp fut illuminé en signe de réjouissance. Les Sarrasins en furent bien surpris, et le général dit que les chrétiens faisaient comme les cygnes qui chantent avant de mourir. Le roi Thomas sachant cela ne pensa pas de même ; et crut bien que ses gens ne faisaient pas tant de réjouissances sans quelque chose d'extraordinaire.

5.

Comme la ville de Jérusalem fut prise par le moyen de Renaud et Maugis, et délivrée de la tyrannie des Perses.

RENAUD, pour délivrer le roi Thomas de la captivité, assiégea Jérusalem dans les formes. Il fit faire brèche et passa par la porte forte, chassa les Perses jusqu'au temple de Salomon.

Quand l'amiral de Perse vit que ses affaires allaient si mal monta dans la tour où était le roi Thomas, et lui demanda la vie, et à trois de ses chevaliers. La capitulation fut faite, et le roi fut mis en liberté. Il embrassa Renaud et Maugis, et fit passer au fil de l'épée tous les Perses. Puis ils allèrent au St.-Sépulcre de Notre-Seigneur pour le remercier des grâces qu'il leur avait faites. Ensuite le roi Thomas amena Renaud et Maugis dans son palais et les y traita magnifiquement.

Après que tout fut pacifié dans Jérusalem, ils partirent pour Palerme, où était le roi Simon, qui les reçut à bras ouverts. Quelques jours après, un chevalier vint dire au roi que les Perses étaient devant Palerme, avec une puissante armée. Le roi en fut fort attristé; et Renaud s'en réjouit, et lui dit : Sire, ne vous inquiétez pas, car aujourd'hui vous serez vengé, Dieu aidant. Aussitôt toute la ville fut en armes. Renaud et Maugis se mirent à la tête des troupes et furent attaquer le camp des Perses.

L'amiral les voyant, dit qu'il fallait que le diable eût porté ces deux grands vilains de Jérusalem à Palerme pour lui nuire; en effet, son armée fut défaite et il se sauva dans son vaisseau, laissant tout son bagage et plus de vingt mille hommes sur la place.

Comme les deux fils de Renaud combattirent contre les fils de Fouques de Montmorillon et les vainquirent.

Renaud fut fort affligé de la mort de sa femme; mais il ne le fut pas moins de celle de Maugis. Il se consola avec ses frères le mieux qu'il put. Il leur laissa tous ses autres biens, et ne garda que Montauban pour lui et ses enfans. Il les fit instruire dans les bonnes mœurs, et les éleva jusqu'à ce qu'ils purent porter les armes. Il leur fit de belles instructions sur ce qu'ils devaient faire, puis les fit équiper selon leur condition, et les envoya à Charlemagne avec cinq cents chevaliers.

Quand ils furent devant Charlemagne, ils s'agenouillèrent, et il leur demanda qui ils étaient : ils répondirent qu'ils étaient fils de Renaud de Montauban, qui lui baisait très-humblement les mains. Vraiment, dit le roi, vous n'êtes point bâtards, car vous ressemblez bien à votre père. L'aîné lui dit qu'ils étaient venus pour le servir, s'il les en jugeait capables. Le roi leur dit qu'il en était bien aise, et qu'il les ferait chevaliers.

Roland et les autres pairs leur demandèrent ce que faisait leur père; ils répondirent qu'il se portait bien, et qu'il leur baisait les mains. Toute la cour fut enchantée de la venue de ces jeunes princes, excepté les fils de Fouques de Montmorillon, qui furent jaloux de ce que le roi les avait si bien reçus, lesquels leur cherchèrent querelle, sur ce que Yonnet avait marché sur le pied d'un d'entre eux. Yonnet s'excusa, mais Constant l'injuria en l'appelant fils de traître. Yonnet dit qu'il mentait, que c'était lui qui sortait des traitres Ganelons, mais qu'ils videraient cette querelle-là quand il voudrait.

*Comme Charlemagne manda à Renaud de venir pour assister
à la cérémonie de ses fils.*

Charlemagne voulant faire chevaliers les deux fils de Renaud, lui manda de venir pour ce sujet. Renaud en fut fort joyeux ; incontinent lui et ses trois frères montèrent à cheval et se rendirent à Paris, où ils furent très-bien reçus du roi et de toute la cour.

Le lendemain, jour de Notre-Dame, Charlemagne les fit chevaliers avec l'applaudissement de tout le monde, excepté les fils de Fouques qui remuèrent la querelle. Le roi voulut savoir ce que c'était ; étant informé de tout, il commanda que les deux frères de chaque parti se rendissent dans l'île de Notre-Dame, et combattissent ensemble à la vue de toute la cour, pour connaître leur valeur.

Nos jeunes champions obéirent, et après plusieurs coups donnés de part et d'autre, les fils de Renaud furent vainqueurs ; Renaud remercia le roi et toute la cour, et chacun se retira.

Comme Renaud partit de Montauban, en habit de pélerin, après avoir légué ses enfans.

Après que Renaud fut arrivé à Montauban, il partagea ses biens entre ses enfans, et la nuit d'après il se vêtit en pélerin, et s'en alla sans dire mot à personne excepté au portier, à qui il donna sa bague, lui dit de prier Dieu pour lui, qu'on ne le reverrait plus dans Montauban, et qu'il allait finir ses jours dans quelque solitude pour faire pénitence de ses péchés.

Le lendemain ses fils ayant appris cette nouvelle, en furent inconsolables, et sans le secours de leurs amis, ils se seraient peut-être ôté la vie.

Comme Renaud se mit à servir les maçons qui le tuèrent par envie et le jetèrent dans le Rhin.

Renaud étant parti de Montauban se mit à cheminer tout le jour par le bois, ne mangeant que quelques fruits sauvages; la nuit étant venue il se coucha sur l'herbe, fit sa prière et reposa jusqu'au jour. A la pointe du jour il se mit en chemin, et dix jours après il trouva un couvent de religieux où l'on faisait bâtir, et s'y reposa. Il fit connaissance avec l'architecte; et par un esprit de pénitence, il lui demanda à servir ses maçons, ce qu'il lui accorda. Un jour qu'il fallait remuer de grosses pierres, ils se mirent quatre pour en remuer une, et encore n'en pouvaient-ils pas venir à bout; ce que voyant Renaud, il les fit reculer, et porta lui seul la pierre en son lieu. Les maçons voyant qu'il faisait plus de besogne que six en furent tellement envieux, qu'une nuit comme il dormait ils l'assommèrent, le mirent dans un sac et le jetèrent dans le Rhin. Ainsi finit le plus vaillant et le plus redoutable de tous les chevaliers.

Comme on trouva le corps de Renaud, que des branches avaient arrêté.

Quelques personnes se promenaient sur le bord du Rhin, aperçurent le sac où était le corps de Renaud qui était accroché à des branches d'arbrisseaux. Ils l'ôtèrent de l'eau pour le transporter à la ville, mais ils ne purent en venir à bout. Ils pensèrent alors qu'il fallait que ce fût un corps saint.

L'archevêque en étant averti, y vint en procession avec tout son clergé. Il le fit mettre dans un carrosse, et quoique les chevaux n'y fussent pas attelés, il ne laissa pas d'aller jusqu'au lieu où il devait être inhumé. Ce que voyant l'archevêque et les assistans, ils crièrent tous miracle, jusqu'à ce qu'il fut arrivé à Croine, petite ville où il s'arrêta.

L'archevêque le fit porter dans l'église sur un beau lit de parade environné de cierges allumés, où il fut exposé pendant huit jours, après lequel temps on le mit dans un cercueil de plomb et fut inhumé au milieu de l'église, où Dieu fit plusieurs miracles par son intercession.

A cette nouvelle, un deuil général couvrit toute la France ; la cour fut plongée dans la tristesse : *le modèle des chevaliers est mort*, s'écriait-on de tous côtés, et bien loin que les chevaliers, les barons et les pairs fussent offensés de cet éloge exclusif, ils répétaient : *Le modèle des chevaliers est mort.* Les frères de Renaud et ses enfans étaient inconsolables ; ce qui rendit la douleur de Charlemagne plus amère, ce fut d'apprendre la cause de la mort de Renaud ; il fit venir les deux jeunes filles qu'il avait défendues contre les outrages du brigand ; il les maria à deux seigneurs de la cour et les dota d'une partie des biens confisqués aux traîtres.

Peu de jours après, les frères et les fils de Renaud, accompagnés d'un grand nombre de chevaliers, allèrent à Cologne chercher les restes du héros et de Maugis, il les firent transporter en France, et lorsqu'ils furent à quelques lieues de Paris, Charlemagne avec sa cour alla au-devant du convoi ; et, lorsqu'il eut fait faire les plus magniques funérailles, on conduisit les cercueils à Montauban ; Charlemagne voulut encore les accompagner jusqu'à Orléans, et de retour à la cour, il condamna à l'opprobre le nom et la mémoire des assassins de Renaud.

FIN DE L'HISTOIRE DES QUATRE FILS D'AYMON.

LIMOGES, IMP. DE ARDANT

www.ingramcontent.com/pod-product-compliance
Lightning Source LLC
Chambersburg PA
CBHW070526100426
42743CB00010B/1975